データ
仮説構築

データマイニング
を通して

岩下 基［著］

近代科学社

◆ 読者の皆さまへ ◆

平素より，小社の出版物をご愛読くださいまして，まことに有り難うございます．

㈱近代科学社は1959年の創立以来，微力ながら出版の立場から科学・工学の発展に寄与すべく尽力してきております．それも，ひとえに皆さまの温かいご支援があってのものと存じ，ここに衷心より御礼申し上げます．

なお，小社では，全出版物に対してHCD（人間中心設計）のコンセプトに基づき，そのユーザビリティを追求しております．本書を通じまして何かお気づきの事柄がございましたら，ぜひ以下の「お問合せ先」までご一報くださいますよう，お願いいたします．

お問合せ先：reader@kindaikagaku.co.jp

なお，本書の制作には，以下が各プロセスに関与いたしました：

・企画：冨髙琢磨
・編集：冨髙琢磨
・組版：LaTeX／藤原印刷
・印刷：藤原印刷
・製本：藤原印刷
・資材管理：藤原印刷
・カバー・表紙デザイン：藤原印刷
・広報宣伝・営業：山口幸治，東條風太

・本書の複製権・翻訳権・譲渡権は株式会社近代科学社が保有します．
・ JCOPY 〈（社）出版者著作権管理機構 委託出版物〉
 本書の無断複写は著作権法上での例外を除き禁じられています．
 複写される場合は，そのつど事前に（社）出版者著作権管理機構
 （電話 03-3513-6969 FAX 03-3513-6979, e-mail: info@jcopy.or.jp）
 許諾を得てください．

はじめに

　近年，ICT の発達により様々な電子化データが入手できるようになり，それに伴い，膨大なデータから何か規則を見つけるデータマイニングの重要性が増している．このように，より多くのデータを活用して様々な事象を解明していく可能性は魅力的であり，かつ重要なことである．データから何かを発見する際には，あらかじめどういった方向で検討するかの "仮説" が重要となる．その仮説構築には最適な方法があるわけではなく，検討する人達のこれまでの試行錯誤に基づいた経験の上に成り立っている．仮説構築は，検討の初期段階であり，少ないデータを利用するのが効率的である．そして，構築した自分の仮説を確かめるために，その時こそビッグデータを利用するというのが有効である．したがって，この初期段階でデータの捉え方を間違えると，手戻りが大きく，思ったような結果が得られず，いたずらに時間だけが過ぎてしまうということになりかねない．そのため，いかに検討の初期段階で，的確に対象となる枠組みを構築するかがポイントとなる（もちろん 100%うまくいくということはありえないし，失敗して手戻りが生じることもあるが）．

　これまで筆者も，長年勤務した企業での業務や，大学での講義，ゼミなどを通して，確率・統計やデータマイニングに関する多くの書籍を参考にし，利用してきた．データマイニングの基本となる確率・統計分野の様々な手法そのものを解説した書籍は多く，有効な手法が多いのは非常にありがたいが，先に述べた検討の初期段階で成功するか否かは，問題に直面する人のセンスや経験に寄るところが大きく，そういった意味では仮説構築の枠組みを解説した書物はあまり無いことに気づいた．データマイニングを数多く経験してきた専門家や実務家にとっては，当たり前のことなので，いまさらという感はあると思われるが，これから関心を持とうと思っている初心者にとって，第一歩を踏み出す

はじめに

には，どのような点に留意しながら検討を進めていったらよいか，悩むところである．さらに言えば，何もこれから実務家として経験を積んでいく人たちだけでなく，日常生活でも様々なデータを違った角度から見ることのできる技術は，これからの社会を生き抜いていくためには，多くの人にとって身につけておいた方がよいと感じている．

　本書では手法そのものよりも，データマイニングを進める上で，あえて皆さんが一番悩む仮説構築段階でのデータマイニングを重点的にまとめた．一般論で解釈するのは難しいと思われるので，これまでの研究室で行ってきた学部生の多くの卒業研究を通して，より多くの事例に接することにより留意点を体系化することを試みた．その際に，工学系の研究開発では，個人プレイよりもチームプレイで，様々な意見を取り込んで進めていくことが効果的であることから，学生の頃から PBL 型の受講形式に慣れておくのは非常に重要なことであることに鑑み，いくつかの演習問題を取り入れ，学生と教員，学生同士の双方向の講義や演習が行える内容を目指した．各章では，PBL 型授業が行えるように例題を示し，理解を深めるための演習問題を与えた．

　理工系の学生だけでなく経済学や社会学を学んでいる文系の学生においても，課題解決型の取組み姿勢は今後ますます重要となることから，PBL 型の講義を実施する場合や，ゼミなどの教科書や参考書となることをねらいとしている．また，昨今では社会人を対象とした大学院においては，プロジェクト検討をするカリキュラムもあることから，そういった場面では本書がかなり有効になると思われる．さらに，大学だけでなく企業における商品企画，マーケティング，生産活動など全般的な業務における問題分析やその解決の際に，参考となる書籍として，さらには社内研修の教材として役立ててほしいとも願っている．

目　次

はじめに iii

第1章　データマイニングをする目的は明確か

1.1　本書の構成と利用方法 1

1.2　データマイニングとは 5

　　　コラム　データマイニングの歴史 10

1.3　PBL とグループワークの進め方について 11

　　　コラム　三人寄れば文殊の知恵 15

1.4　事象やシステム構造の理解 16

　　　第1章 参考文献 19

第2章　仮説構築に適したデータを取得しているか

2.1　統計のベンチマークの利用 21

2.2　公開データおよびアンケート利用時の留意点 25

　　　コラム　通信設備費用の比較 30

2.3　バイアスがかかったデータの留意点 31

2.4　データが無い場合もしくは入手困難な場合の対処 35

　　　コラム　長期予測に対する考え方 41

　　　第2章 参考文献 42

目　次

第3章　データをどのように加工するか

3.1　データ群の特徴把握 43

　　コラム　企業の平均年収の算出について 50

3.2　データの並べ方 51

3.3　データの相関と因果関係 54

　　コラム　課題の設定の仕方 58

3.4　課題1（3.1〜3.3を利用した社会的問題設定） . . . 59

第3章　参考文献 65

第4章　仮説構築時に注意することは何か

4.1　抜け落ちている数字に気をつける 67

　　コラム　電子タバコ 72

4.2　偏った立場の意見に気をつける 73

　　コラム　圏央道の需要 76

4.3　混乱を招く数字やグラフによる錯覚に気をつける . . . 77

4.4　検定について 83

4.5　課題2（4.1〜4.4 3章を利用した社会的問題設定） 88

第4章　参考文献 90

第5章　データの分類はどのように行うのか

5.1　属性分類 91

5.2　顧客のセグメント化例 93

　　コラム　聖地巡礼はニッチ？ 95

　　コラム　顧客の囲い込み 100

5.3　各分類手法の特徴の解説 101

5.4　課題3（5.1〜5.4 3章を利用した社会的問題設定） . . . 111

第5章　参考文献 113

第6章　不確かさを考慮した仮説の構築

 6.1 条件つき確率と予測 115

   コラム ベイズ理論の歴史的背景 118

 6.2 ベイズの定理（事前事後確率の使い方）とベイズ推定 120

 6.3 ベイズ更新 125

   コラム 送ったメールが届いていない！ 129

 6.4 ベイジアンネットワーク 130

  第6章 参考文献 131

第7章　データマイニングの今後の展望

  第7章 参考文献 139

索　引   141

1章

データマイニングをする目的は明確か

1.1　本書の構成と利用方法

　データマイニングという言葉は昨今，情報通信技術 (ICT) の発展により，専門家だけでなく，一般の人達にも知られる，いわゆる市民権を得た言葉となってきた．しかし，どういうものかと問われると，説明がなかなか難しいのも確かである．多くの専門書やビジネス書に既に書かれているが，データマイニングとは，データという数字や記号の羅列から，ある知見を発見することである．

　これは，実は誰でも日常生活の中で行っている．例えば，今晩の夕食は何にするか，お店に行ってから考えようという時，通常主婦（主夫）がよくとる行動であるが，店頭にある食材を見て，今日は何が特売だとか，昨日は魚を食べたから今日は肉料理にしようとか，いろいろな情報をもとに考えて買う食材を決めていく．これは，まさに店頭の食材や前日の料理などがデータであり，それらの関連を頭の中で結びつけて，今晩の夕食を決めるということであり，まさにデータマイニングを実施しているわけである．

　他の例としては，毎日の電車通勤が考えられる．朝，自宅の最寄駅から職場まで，都会であればどうしても満員の通勤電車に乗らなければいけない．特に夏などは，いくら車内の冷房が効いていようとも人の体温によりいやでも温度が上昇し，不快な思いを日々送っている人も多いのではないかと思う．今，毎朝乗る電車で，日によって乗る車両が異なるとする．ある日は，とても込んだ車両であったり，別の日には最初は混んでいても座っている人が途中の駅で降りていき，空いた席に座れる可能性もある．そんなことを続けていると，どの車両の何番目のドアから入ると比較的空いているとか，座れる可能性があるとか，通勤電車で通うと，意外と新たな発見があるものだ．これも頭の中で，こ

1章　データマイニングをする目的は明確か

れまでの状況をもとにデータ分析を実施した結果といえる.

　最初の買い物の例は，今日の夕飯の準備をするためにデータ分析を行うという目的解決型のデータマイニングであり，後半の通勤電車の例は，最初から目的があるわけではなく，ある傾向を発見するといった探索知識発見型のデータマイニングであると言える. このように世の中の多くのことは，よく考えていくと結構面白いものなのだ. 言い換えると，データの処理を実施し，新たな発見や意思決定をしていくことは非常に重要なことだとも言える. そのため，教科書から専門書まで，これまで多くの書籍が出版されている.

　本書の1つ目のねらいは，データの見方や考え方をこれから学んでいく学生が，データを見て疑問や関心を持つこと，考えることを自律的に行えるようになる手引きとして，また，一般の社会人にとってもマイニングすることを身につけ，仕事上の身近な問題や，家庭での生活と世の中の経済の関係，外国人等の異なった価値観を持った人たちとの会話を発展させるための広い視野，選挙の投票等を通して自分の考え方を政治に反映する，そういった行動への手引きとして活用できるものを目指したところにある.

　一般に，データマイニングは，多くのデータを分析するので，統計の知識（平均値や分散など）が必要になる. これは正しいが，統計の知識だけ専門家であっても，データマイニングはうまくいかない. なぜデータマイニングを行うのかをよく考えてほしい. 先にも述べたように目的解決型であれば，例えば企業で新たなサービスや商品を開発し提供したいという目的があり，そのためにはどのようなサービスや商品を，どの顧客をターゲットに，どのように宣伝していくか，といった戦略を考える必要がある. また，探索知識発見型であったとしても，日頃から常に疑問や関心を持つ姿勢が無いと，マイニングはできないのである. したがって，収集したデータを活用して，ビジネスに活かしていくいわゆるビジネス企画スキルが必要となる. さらに，昨今は，情報サービスやシステムの発展により，膨大なデータが収集できるようになった. この膨大なデータから効率的にマイニングするためには，情報処理技術などのITスキルが必要である [1]. 以上の統計スキル，ビジネス企画スキル，ITスキルは，一人の専門家が身につけるのはとても時間がかかり，大変なことである. これらのスキルを持った人は企業では今すぐにでも求められていることから，ゆっくりと

2

1.1 本書の構成と利用方法

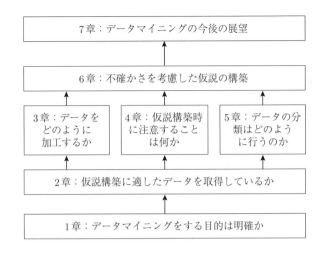

図 1.1　本書の構成

育成している期間も無い．一般に企業では，組織による力を最大限に活かしていくというが，つまりこのチーム力が必要となる．データマイニングも，チームを組んで仕事をするのが効率的かつ迅速に実施できる方法となる．そのためには，それぞれの得意分野・スキルを持った人達が集まって検討を進めていくため，コミュニケーション力が基本能力として必要になってくる．

以上説明した統計スキル，ビジネス企画スキル，IT スキル，コミュニケーションスキルの4スキルを開発するのに有効なのが PBL(Project Based Learning/Problem based Learning) である．

一般に言われている PBL については，1.3 節で詳細を説明するが，本書では統計スキル，ビジネス企画スキル，IT スキルに加えてコミュニケーションスキルを養えるよう，まず書籍を読む，あるいは解説することを通して知識を吸収するだけでなく，どのようにそれらの知識を応用していくか，実践としてどのように進めたらよいかを演習により身につけていくことが，本書の2つ目の狙いである．学生だけでなく，近年需要が増しているデータサイエンティストを多く育成していくことも目的としている．

本書の構成は，図 1.1 に示す通りである．まず，1 章では，データマイニン

3

1章　データマイニングをする目的は明確か

グ，PBL，システム的な物の見方についての基本知識を述べる．次に，2 章で
データを収集する際の留意点をまとめている．基本的な作業を理解した後，3
章から 5 章では，データマイニングを進めていく中で，実際に気をつけなけれ
ばいけないことについて，事例を交えながら解説するとともに，それらに留意
した PBL を指向している．これらの章は，講義やゼミさらには社員研修等で
用いる場合，基本的な説明，グループワークの実施，発表準備と発表，そして
最後に講評という手順で進めていくと効果的と考えられる．6 章では，学習し
てきた知識を応用することを目的とし，7 章は今後の発展方向についてまとめ，
結びとしている．

1.2　データマイニングとは

　データマイニングとは，大量のデータを対象に，確率統計の知識を用いて，新たな知見を発見するということは前節で述べた通りである．前節の例では，買い物をするシーンと通勤電車でのシーンにおいて，何らかの発見がなされていることを説明した．このようにデータマイニングは身近に誰でもが実施しているが，いつもそうとは限らない．データマイニングは論理的な思考のもとに組み立てられた知見と言ってもよいであろう．したがって，普段から様々な事に注意を払って，例えば新聞やニュースなどでは，政治（特に選挙）や事件，さらに自然災害，気象条件等について，様々な統計データが紹介される．果たしてこれらは，何を前提としているのだろうとか，ニュースキャスターの解釈はちょっと違うのではないかといった感覚をいだくことはないだろうか．そのように関心を持っていくと，自分の中に多くの意見が生まれるものである．そういった心を養うためにも，データマイニングは重要だと言える．

　データマイニングにおいては，様々な統計的手法が利用されるが，ここでは物事の捉え方の違いの観点から分類すると 2 つに分かれる．1 つは，あることを達成したいために，そのことを深く分析し，追求していく立場である．この場合は，まずやみくもにデータを取得して分析しても無駄な努力に終わるリスクがあることから，仮説を構築し，それに則したデータを検証していくという考え方になる．いわゆる目的解決型データマイニング [2] である．もう 1 つは，膨大な情報から，ある規則性を発見し，それに意味づけをする考え方である．これは最初から仮説を必要としないことから，探索知識発見型データマイニング [3] となる．データマイニングには，この 2 種類があるので，今自分がどちらを思考しているのかを明確にする必要がある．

　私の研究室の学生の卒業研究として，上記目的解決型と探索知識発見型のデータマイニングをした研究を一例として紹介する．それぞれわずか 1 年間，しかもその間に就職活動をしているので，時間があまり無い中で，よくやっていたと思うが，まだまだ検討途中であることはご理解いただきたい．

　まずは，目的解決型の研究として，電子書籍が今後どのように普及していくかの検討を取り上げる．図 1.2 に，これまでの日本における電子書籍市場の推

1章　データマイニングをする目的は明確か

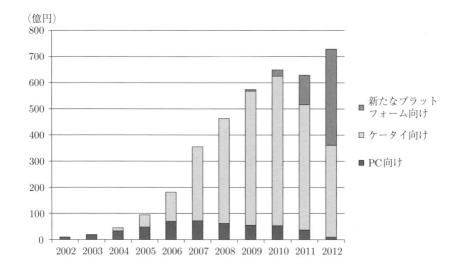

図 1.2　日本における電子書籍市場の推移
（文献 [4, p.28] より引用．著者一部調整）

移を示す [4]．最初は PC 向けに電子書籍が提供された．これは WWW をみるブラウザが PC を中心に普及していた時代からも理解できる．その後，メールやインターネット接続ができる携帯電話の普及により，電子書籍も移動しながら読める特徴をうまく活用し，携帯電話向け電子書籍市場が爆発的に増加した．2009 年以降，新たなプラットフォーム[(1)] 向け電子書籍が登場し，電子書籍市場を大きく占めるほどになってきている．これまで電子書籍専用端末として kindle や kobo などが出てきているが，アメリカほど電子書籍市場が伸びないというのが現状である．そのため，電子書籍を普及させるためには（これを目的として），どういった対策を実施しなければならないかを検討した．まず普及のネックとなっている要因を抽出した．この検討をした時点では，一般に紙の書籍に比べて電子書籍の価格が高いこと，電子化された書籍数（タイトル数）が少ないことが大きく影響を与えていると分析した．そこで，第一に価格をど

[(1)] 新たなプラットフォームとは，電子書籍専用端末に加えて，スマートフォンやタブレット端末が含まれている．

1.2 データマイニングとは

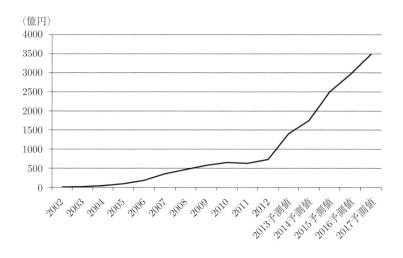

図 1.3　電子書籍市場の予測
（文献 [4, p.28] より引用．著者一部調整）

の程度下げたら売上がどの程度伸びるかについて，アンケート調査等のデータをもとに予測を実施した．一般に価格が下がれば，これまで購買しなかった客層を取り込めるが，全体の売上は減る可能性もある．そこで，割引額と購入の関係，電子書籍のジャンル別の購入割合等のデータから類推する式を構築した．さらに，複数の電子書籍ストアでのタイトル重複率を見ると，意外に少なく，ユーザにとっては，読みたい電子書籍を購入するには，複数の電子書籍ストアを見なければいけないことがわかった．そのため，いずれの電子書籍ストアでも同じ電子書籍が購入できるものとすると，どの程度購買意欲が向上するかをデータ分析した．以上の結果を予測式として構築し，図 1.3 に示す電子書籍市場の予測を示した．すなわち，書籍のタイトル数を増やしたり，どのストアでも購入できたり，どのブラウザでも読めるようにすることにより，潜在需要は大きく増えると見込めると結論づけた．

　もう 1 つの探索知識発見型データマイニングの例として，一般ユーザ向けのクラウドサービスが提供した初期の段階における検討を紹介する．iPhone や iPad などのスマートフォン，タブレット端末などのモバイルデバイスの爆発的

1章　データマイニングをする目的は明確か

な普及により，ソーシャルメディア（FaceBook，Twitter，Line など）の利用が
急激に浸透している．それと同時に，iPhone など SD カードで容量を増やせな
い端末の容量不足で悩む人も増加している．そういった問題の解消のため，一
般ユーザ向けにも，ある条件下では無料で，「iCloud」「Dropbox」「Evernote」
などのクラウドサービスが提供されている．一般に，端末自身の容量を増やす
ということは，端末のサイズや重さが増加することになり，ユーザの使い勝手
は悪くなると考えられる．となると，端末はシンプルにして，クラウドサービ
スのように，サーバにデータを格納する方法が効率的かつ安全である [2]．

　そこで，今後増大していくユーザのデータを効率的に保存し，活用していくた
めには，一般ユーザ向けのクラウドサービスの普及がポイントとなる．Dropbox
に関しては，ユーザ数が 2 億人を突破しているものの，検討した時点では日本
国内のユーザ数は未だ数多くはなかった．2013 年時点の日本ではクラウドサー
ビスの利用者は Dropbox のアプリダウンロード数（約 100 万ダウンロードほ
ど）から推定して，0.008 ％ほどで利用者が少ないのが現状である．利用を拡
大するためには，今後どのような工夫や改善が必要かを考えるのは重要なこと
である．そこで，Dropbox と Evernote について，ネットユーザがどのような
意見や考えを持っているかを把握するため，ツイッターによる分析を実施した．
ここでは，どのような意見が多いかはわからないし，そのため，どのような対
策をしたら効果的かもわからない．まさに探索思考的な検討となる．検討では，
ネット上から入手できるツイッターのテキスト情報を収集し，どのような単語
が多いか，それは好意的な表現か否定的な表現か，男女別・年齢別など傾向分
析を実施する [3]．

　代表例を図 1.4 に示す．その結果，Dropbox は，「管理が面倒」という特徴
が浮かび上がった．実際に使ってみると，フォルダ分けやソートがうまくいか
ず，欲しいデータがなかなか探せないという事実からも確認できた．Evernote
は，「意味不明だ」という意見が多い．実際に扱うと，機能が多すぎる点や説明

---

[2] 端末は必要最小限の処理をして，多くの処理をサーバやクラウドで行うシステムアーキテクチャを
シンクライアントと言う．

[3] 文字列を対象としたテキストデータを単語や文節で区切り，文章中の単語発生頻度や単語間の係り
受け表現などを分析することをテキストマイニングと言う．フリーソフトを含め，多くのツールが
提供されている．

1.2 データマイニングとは

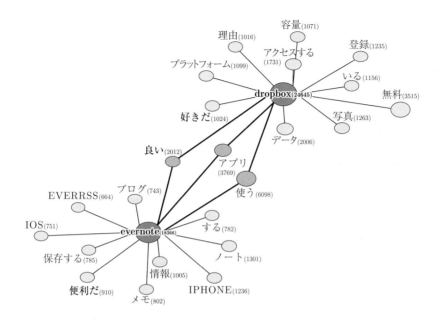

図 1.4　一般ユーザ向けクラウドサービス別の特徴
（森田大己．ツイッター分析によるクラウドサービスの一般ユーザ普及の研究．千葉工業大学社会システム科学部情報科学科 2013 年度卒業研究より．著者一部調整）

を受けなければわからない少し複雑な部分が確認できた．こういった，ツイッターによるユーザ要望の的確な抽出を，今後のサービスの改善に適用していくことが可能となる．ちなみに，この検討は 2013 年度のものなので，その後両クラウドサービスは改善されていると思われる事を述べておく．

　学生は身近なところからうまく研究テーマを見つけていると感心する．何かお手本となるものが欲しいという人は，研究テーマの見つけ方，計画立案，実行手順などは参考文献 [5] を参考にされたい．

◆ コラム ◆
データマイニングの歴史

　コンピュータの性能向上や通信技術の進展に伴って，データマイニング分野の研究が加速してきた．最初にデータマイニングという言葉に類似する語として "Knowledge Discovery in Database (KDD)" が使われたのが，1989 年にアメリカ・デトロイトで開催された KDD のワークショップである．この時代に，現在のコンピュータデータベースの代表であるリレーショナルデータベースを構築・操作する言語 SQL (Structured Query Language) が出現した．さらに，データ蓄積技術が進展し，データウェアハウス（膨大なデータの格納システム）といった仕組みが出現するに当たって，蓄積されたデータ群から有用な知識を見つけるという研究分野が確立した．その後，多くの国際会議でも話題に上り，1996 年に "Knowledge Discovery and Data Mining: Towards a Unifying Framework" という論文が多数引用されることとなり，データマイニングという用語が多用されることとなる．

　2000 年代に入り，コンピュータと通信ネットワークの急速な普及に伴い，SNS 等の大量データが行き交うサービスが浸透し，これらのデータ分析を研究する企業が出現してきた．この間にデータマイニングソフトウェアが IBM 社 (SPSS)，米 SAS 社 (SAS)，日本 MSI 社 (VMS) などから提供され，さらにデータウェアハウスとして独 SAP 社や米 Oracle 社などから多くの製品が提供された．2000 年代前半までは，データ群から有用な知識を見つける探索アルゴリズムを中心とした手法研究が中心であったと言える．

　2010 年に，英国エコノミスト誌において，ビッグデータという語が登場し，膨大な量のデータを扱うデータマイニング研究がさらに加速する．これまでの研究領域に数理・統計の研究者が加わり，推論技術等を進めることとなった．2011 年には IBM 社のコンピュータ Watson が，アメリカのクイズ番組で人間に勝って優勝する快挙がなされている．こういったデータマイニングの中味が変遷していく中で，今日，企業経営に関しても，顧客等のデータから有用な知識を獲得し，経営戦略に活かすといったデータサイエンスやサービスサイエンスなどの研究領域が拡大している．

1.3 PBL とグループワークの進め方について

　日本において初めて大学が設立されてから百年以上の年月がたつ．設立当時の理念は，「高等専門教育を身に付けることにより，国家の礎を築く使命をになう」という目的のもとで，あるべき学生像に対して，カリキュラムが構築された．しかし，世の中の変化に応じて，学習目的も変わっていくものである．昨今では，グローバル化の波の中で，産業界のニーズは，即戦力となるため，考え抜く力やチームで働く力などの社会人基礎力の向上が重視されている．これは学生だけに限らず，社会人として仕事に従事している人たちにとっても，このような能力を伸ばしていく必要があると考えられる．このためにはグループワークが重要な手段の 1 つであると言える．一般に，グループワークには以下に示す大きく 3 つの手法がある．

　ワールドカフェは，カフェのようなオープンでくつろいだ雰囲気で，メンバーを変えながら，ある事柄に関する議論を繰り返すことで参加者の相互理解を深め，認識の共有を実践する手法である．この方法のメリットは全員が参加し，誰でも気軽に発言できるということである．また，同様な意見を持っている人を見つけたり，違う意見を聞いて自分にない視点を理解できたり，といった効果を生み出すことができる点にある．

　Problem Based Learning (PBL) は，問題基盤型学習とも呼ばれ，与えられたシナリオから，問題を引き出す作業を行い，それらの問題について各自で調べてきた事項を話し合い，理解を深めて問題を解決していく学習方法である．例えば，「日本の 1 世帯当たりの平均子供人数は 2 人を割り込み，年々減少している」という事実を淡々と説明したシナリオから，グループワークとして，メンバー内で話し合い，状況を調査・把握し，その上で何が問題点なのかを抽出し，問題を解決していくものである．

　Project Based Learning（これも PBL）は，課題探究型学習であり，プロジェクトを通して社会へ出て経験するようなニーズを探し，独創的に開発してビジネスモデルにまで取り組む方法である．通常，企業とタイアップして，その企業が属する業種におけるニーズからビジネスモデルを提案することがよく行われている．例えば，「我が国を観光立国にするには，どのような施策が必要

1章 データマイニングをする目的は明確か

か」や「メガネにどのような付加価値をつけると売り上げがあがるか」など，あるビジネス上の目的を持ったプロジェクトとして課題を抽出し，解決していくものである．

特に，後半の2つは，どちらもPBLと言われており，話の中でどちらを指しているのか，少し混乱することもあるが，これら2つのPBLは，教師が一方的に教える系統学習とは異なり，与えられたシナリオからグループが問題を発見し，それを解決していくという自主性，コミュニケーション性を目指した学習であることを共通の特徴とする．すなわち，これら2つのグループワークの目的は，問題解決力，知識獲得力，コミュニケーションスキル，チームワークスキル，分析力，批判的創造的思考力，創造性の涵養，学習意欲の喚起である．

本書では，1.1節でも述べたように，コミュニケーション力を統計スキル，ITスキル，ビジネス企画スキルと同様に身につけることを目的とすることから，まず問題基盤型学習PBLを進める．

図1.5に実際の進め方を示す．講義やゼミに履修登録している学生や企業研修のメンバーを3〜5人のグループに分ける．後の章で説明するように，司会と書記以外にも意見を述べる人といった役割が必要となることから，1グループ最低3名は必要となる．また，あまり多すぎても，グループ内の他の人に頼り切ってしまう人がでてくるので，注意を要するところである．その際には，一人一人に明確な役割を持たせ，具体的な責任を認識させることが必要となる．次に，それぞれのグループは，与えられたシナリオを吟味する．シナリオには，初めて聞く用語や事件，事柄など，自分の専門外のこともあるので，まずは調査するのが基本となる．ここで，チームワークを最大限発揮するため，司会者が調査事項を調整して，各メンバーに分担して，次回のグループワークには，それらの調査結果を持ち寄り，情報を共有する．この作業を通して，グループのメンバーが同じ土俵に立って，様々な角度からシナリオを解釈していく．これは，シナリオの中で何が本質的な問題なのかを深く検討することに相当する（問題設定）．得られた本質的な問題に対して，その問題はなぜ生じるのか，どういう影響をどういった範囲に与えるのか，いわゆる背景，原因，重要性をグループで考えていく（要因分析）．これらの検討結果をもとに問題を解決する施策をグループごとにまとめる．これらのシナリオ分析から解決策までの一連の

1.3 PBLとグループワークの進め方について

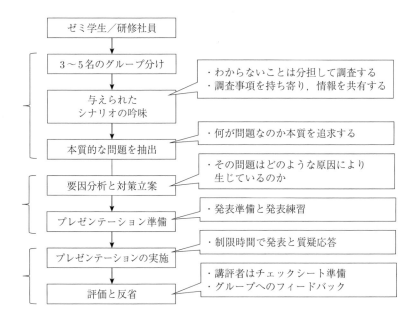

図 1.5　グループワークの進め方

検討をもとに，プレゼンテーションの準備と発表練習や質疑応答準備を実施する．プレゼンテーションは制限時間を設け，守らせるように指導し，質疑も多くの聴取者から幅広い意見を出してもらう．最後にプレゼンテーションの評価（反省）を講評者が実施し，それぞれの検討に対してフィードバックを行うというものである．

　大学では，半期（前期もしくは後期）の講義やゼミナール等で3〜4回の問題基盤型PBLを行い，データをどのように評価するかを考える統計スキル，データを分析するために必要なITスキル，世の中の問題として重要な事項は何かを考えるビジネス企画スキル，グループで話し合いながら検討を進めていくコミュニケーションスキルを養っていく．一方，企業の研修においては，設定されたシナリオを検討するために必要となる章をあらかじめ熟読しポイントを理解してから，短期集中的にシナリオに対するグループワークを進めるといった利用が望ましいと言える．課題探究型学習PBLによりプロジェクトも同様の

1章　データマイニングをする目的は明確か

進め方で行われる [6], [7].

◆ コラム ◆
三人寄れば文殊の知恵

　この慣用句の意味は，恐らくほとんどの人が小学校の授業で習って知っている通り，誰でも三人集まって相談すれば，文殊菩薩に劣らぬ良い知恵が浮かぶものだということである．この文殊菩薩は，仏教では知恵をつかさどる菩薩として大変有名であるため，神が創造するようなすばらしい知恵が得られるということで，引き合いに出されている．こういったいわゆる慣用句とは，習慣として長い年月皆が経験することによって確立してきた言葉である．そのため，なるほどと思わせる例が多いし，この例もこれまでの自分の人生を振り返れば，納得する人も多いと思う．

　しかし，いざこの慣用句通りに実行する際は，解釈の仕方に気をつけてほしい．これらを字面通りに受け止めると，とにかく複数人集まって相談すれば，あたかも新しい物事やアイデアが自然に生まれてくるかのごとく考えられる場合が多い．例えば，小学校の授業で何人かグループになって相談しあい，アイデアを出すというのは，何か新しい考えが出るような期待感があるが，組織や団体における会議などではどうだろうか．何人集まっても，硬直状態なることもある．

　したがって，この慣用句には，それを適用する範囲あるいは条件があるということに気をつけなければいけない．例えば，一人で考えていてもよいアイデアは出ないが，複数人で意見を出し合えば，新しいものが出てくるかもしれないというのは，ブレーンストーミングで実施される．また，企業における重要な問題を解決するため，何人かで検討するのも，様々な立場から意見を出し合い，最も望ましい解決策を導いていくという場面でも，この慣用句はあてはまる．

　今述べたような状況にもっていくには何が大切かというと，自由に意見を述べられる雰囲気作りおよび参加するメンバーの選定である．重苦しい雰囲気の中では，誰も自由な発想はできない．そのためには，誰かがリーダとしての役割が必要となり，雰囲気作りや方向性を与えることが重要である．また，環境や世代の異なるメンバー間での話し合い，すなわち価値観の異なる人同士で話し合うのが効果的であると言える．まず，こういった環境を整えてこそ，先ほどの慣用句の意味が発揮されるのである．

1章　データマイニングをする目的は明確か

■ 1.4　事象やシステム構造の理解

　様々な事象，例えば日常生活や仕事上遭遇する様々な問題や，世界全体の経済や社会のできごとなどは，複雑な要因が絡み合って生じたものである．これを自然科学的な考え方でひも解いていくとどうなるであろうか．自然科学的な考え方[4] では，どのような基本要素が，その事象を引き起こしているのかを追求する，すなわち最小単位の構成要素を明らかにする立場で考えていく．しかし，社会的な物事は，人間の行動や人間間の関係が複雑に絡んでいるため，基本となる構成要素を明らかにしただけでは残念ながら不十分である．それに加えて，構成要素間の関係に着目する必要がある．これはシステムアプローチとかシステム思考とか言われているが，関心ある物事をこのように関係性という視点からシステムとして捉えていくことが重要となる [8]．

　例えば，個々の企業や個人の行動は全くばらばらであるが，社会全体として，あるいは経済全体としてマクロな視点から見ると，現代社会においては，社会経済状態が極端に悪い方向にいったり，逆に良くなったりと発散していくことはなく，ある状況の中で秩序だった挙動をしていることがわかる．これは個々の人間の行動が，他の人達とのインタラクション（すなわち関係性）を持つことにより，影響を受け，それをもとに行動を起こしているという結果であるといえる．また，“人間” 自体を捉えてみる．人間の物理的な構成要素を細分化していくと，細胞や神経，DNA から成り立っていると言えるが，逆にいくらたくさんの細胞や神経を集めたからといっても，それが人間と認識できるとは限らない．それに加えて，たくさんの細胞や神経がある関係を持って結びつくことによって初めて “人間” として認識できるわけである．このように，関心のある対象について，構成する要素の集合とそれら要素間の関係をもとに認識された構築物を “システム” として扱っていく必要がある．

　ここでは一例として，少子化問題を取り上げる．少子化とは，近年 1 世帯当たりの子供の数が 2 人を切り，話題に出る機会が増えており，世界的な問題としても取り上げられている．この少子化を表層的に見ると，まさに個々の世帯

---

[4] 自然科学的な考え方の基本は，要素還元主義，反証可能性，再現可能性の 3 つのアプローチから成る．

16

1.4 事象やシステム構造の理解

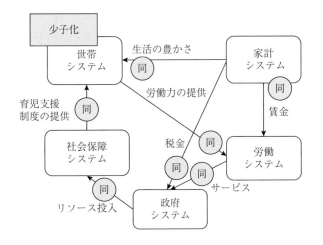

図 1.6　システム構造とメカニズム（参考文献 [8] より引用）

で起こっている事象が，たまたま多くの世帯（多くの世帯をシステムと捉えて世帯システムと呼ぶことにする）でも起こっている事象であるといえる．なぜ世帯システムでは子供の数が少なくなるのか．単に，子供を増やせ，目標は世帯当たり何人だと政府が叫んだところで，何も解決にはならない．これを深く掘り下げ，図 1.6 に示すように，ここではまず世帯の事情をよく考えてみる．そうすると，各世帯では，生まれてくる子供達に対して，それだけの人数を養っていけるかどうかが不安であること，また，子供が小さいうちは何かと手がかかるので，そういった時間や作業を支援してくれる環境があるかどうかといった不安が存在するためと考えられる．

次に，前者の不安は，子供の養育費や教育費など，独り立ちするまでは必要になることから，長期間に渡って養っていけるのかというところに起因しており，まさにその世帯の家計（ここでは家計システムと呼ぶことにする）に大きく依存する構造となる．家計システムが安定していれば生活が豊かになり世帯システムでも計画的に出産を考えられるようになるが，家計システムが不安定ならば生活の豊かさは低くなり，世帯システムではとても出産を考えられない状況になる．図中，家計システムと世帯システムの間の矢印に⑩の印が付記され

ているが，これは，家計システムが安定すれば世帯システムも豊かになる，逆に家計システムが不安定になれば世帯システムの豊かさは損なわれるというように，同じ方向に進むことを表している．

　それでは，この家計システムはなぜ不安定になるのであろうか．一般に，家計は企業での労働から得られる賃金をもとに成り立っていると考えられる．好景気であれば賃金も安定するが，不景気の場合は賃金や雇用が不安定とならざるをえない．そのように，家計システムは労働（ここでは労働システムと呼ぶことにする）に大きく依存する形となっている．家計システムと労働システムの関係も同じ方向に進むことを示している．さらに，この労働システムは，企業で働く労働者が高齢化すると，それに代わる若い世代が従事することで，存続していくわけであり，いわゆる人材の循環（世代交代）も必要であるといえる．もし，世帯システムにおいて少子化が進むと，企業における働き手が少なくなり，労働力の低下や生産性の低下といったことから，その循環が滞り，企業の活性化が図れず，労働システムも停滞するという状況になる．この労働システムと世帯システムも同じ方向に進むと考えられる．したがって，世帯システム，家計システム，労働システムのいずれかが芳しくないと，残りの他のシステムもどんどん芳しくない方向に進んでしまう危険性をはらんだ全体システムになっていると言える．

　一方，後者の子供の面倒を見る世帯の時間や作業を支援してくれる環境への不安の観点では，社会保障システムによる，育児支援制度の提供などに大きく依存する．これは，先ほどの生活の豊かさを求めて，共働きする世帯が増えれば当然のことと言える．育児支援制度が強化されれば，仕事をしながら育児もできる環境が整備されていくと期待される．さらに，この社会保障システムは，政府（ここでは政府システムと呼ぶことにする）が仕組みを検討すると考えると，関与している人達がどれくらい問題意識を持って様々なリソースを投入するかに大きく依存する．また，政府システムが社会保障システムに関する検討を開始するためには，家計システムからの税金や労働システムからの様々なサービスの提供がリソースとして必要となる．このように各要因間が複雑にかかわっているため，1つのシステムが芳しくないと，残りの他のシステムも全てが芳しくない方向に進んでいくシステム構造になっていることがわかる．

以上，はなはだ簡単ではあるが，このように少子化に対する要因分析を通じて，システム構造を明らかにしていくと図 1.6 のようなループ図ができ上がる．したがって，関心ある事象に対して，そのシステム構造をよく理解することは非常に重要なことだと言える．

第 1 章 参考文献

[1] 工藤卓哉，保科学世著．『データサイエンス超入門　ビジネスで役立つ「統計学」の本当の活かし方』．日経 BP 社．（2013 年）

[2] ゴードン S・リノフ，マイケル J・A・ベリー著．『データマイニング手法　予測・スコアリング編』．海文堂．（2014 年）

[3] ゴードン S・リノフ，マイケル J・A・ベリー著．『データマイニング手法　探索的知識発見編』．海文堂．（2014 年）

[4] インターネットメディア総合研究所．『電子書籍ビジネス調査報告書 2013』．インプレス．（2013 年）

[5] 鍵和田京子，石村貞夫著．『よくわかる卒論・修論のための統計処理の選び方』．東京図書．（2001 年）

[6] 浮田英彦，吉松朋之，南川啓一，伊藤文一，長田太郎著．『弱みを強みに変える本気が目覚める課題解決型学習』．梓書院．（2013 年）

[7] 鈴木敏恵著．『課題解決力と論理的思考力が見につくプロジェクト学習の基本と手法』．教育出版．（2012 年）

[8] 岩下基著．『システム方法論——システム的なものの見方・考え方』．コロナ社．（2014 年）

2章

仮説構築に適したデータを取得しているか

2.1 統計のベンチマークの利用

　前章で説明したが，特に目的解決型のデータマイニングでは仮説の構築が重要となる．ここで，誰でもいきなり仮説を構築できるか，というと話はそう簡単なものではない．思いつくことを仮説と捉えるならば別であるが，ある程度自分がデータマイニングで発見したいことを導くものでなければいけない．ということは，それなりのセンスが必要となる．そのため，センスある仮説を構築するためには，その前段階として，日頃から，様々なニュース等に関心を持って，いくつかの情報を得ておく必要がある．

　例えば，台風の発生件数を考えてみよう．ニュースなどで，「今年は，例年になく，年間を通して 30 件と多くの台風が発生しました」といった時，あぁ今年は台風が多かったのだと誰もが思うはずである．一方，台風が少ない年もある．これは，「例年」と比較しているのである．例年の定義は，いつもの年や毎年といった意味であるが，もう少し正確に気象庁の定義を拝借すると，現在は，1981年から 2010 年までの 30 年間の平均値となっている．気象庁のホームページには，年間だけでなく，月ごと，地域別の台風接近数が掲載されており，データ量が多く大変参考になる．したがって，この例年の値（気象庁では平年値と呼んでいる）と比較して，該当年の状況を振り返るのである．また，我が国の年間降水量は，今年は例年に比べて多かったとか少なかったというのも，この平年値と該当年の値を比較しているのである．ちなみに，年間降水量も気象庁が観測しているので，平年値の定義は台風のそれと同じである．このように今年はどうなのか，この状況は普通なのかということを調べるのに，なんらかの「ベンチマーク」が必要となる．

2 章　仮説構築に適したデータを取得しているか

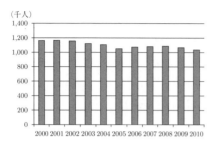

(a) 我が国の年間出生数の推移
（文献[1]より引用．著者一部調整）

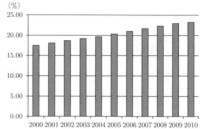

(b) 人口に占める高齢者の割合
（文献[2]より引用．著者一部調整）

図 2.1　ベンチマークの例

　ベンチマークとは，コンピュータの性能を測定するための指標として用いられることが多いが，広くは社会の様々なシステムの在り方や規範としての水準や基準といった意味で用いられる．したがって，得られた様々な情報がこのベンチマークと比較して，どうなのかという考察ができる．先に説明した台風発生件数の平年値や平均年間降水量などはまさに，気候という分野におけるベンチマークだと言える[5]．

　様々な社会問題を分析する際によく必要となるベンチマークの代表例を以下に示す．

1) 我が国における年間の出生数は，図 2.1(a) に示すように，直近 5 年間の平均で約 100 万人である．したがって 18 歳未満の人口は，単純に 100 万人 × 18 年 = 1800 万人ということがわかる．ただし，出生数は年々減少傾向にあるので，5 年後に同様の値が利用できるかどうかはわからないから注意を要する．
2) 65 歳以上の高齢者の全人口に占める割合は，図 2.1(b) に示す通り徐々に

---

[5] 気象庁では，台風発生件数や年間降水量の他に，気温，降雪量，竜巻などの突風発生件数，二酸化炭素分布，黄砂量，海面水温などの統計を発表している．
(http://www.jma.go.jp/jma/menu/menureport.html)．

増大し，その後の 2012 年からは，4 分の 1 に達している．日本は他国に比べて高齢化率が進んでいると言われているので，他国の状況をこれと比較して考察することができる．また，年金問題は深刻な状態になってきているが，今後どうなるかを考える上でもこういったベンチマークは参考になるわけである．

3) 年間の自殺者数は，おおよそ 3 万人である（ただし，これも最近は減少傾向にある）．これは心の病やいじめといったものが主な原因と考えられるが，交通事故による死亡者数と比較する場合などに利用されるベンチマークである．

4) さらに，日本の人口は約 1 億 2 千万人，就業者数は約 6300 万人であり，こういった数値も，政府が検討する各種政策などのベンチマークとなる．

5) 政府だけでなく，大学自体も今後の運営で気になるベンチマークとして，大学在籍者数が挙げられる．日本の大学に在籍する学部生の数は，おおよそ 260 万人である．

こういったおおよその規模，サイズをつかんでおくことが，仮説構築にとって重要となる．これらのベンチマークは，年が経つにつれて変わっていくので，例えば「最近 5 年間の平均では」といったように，まさに気象庁の平年値のように考えるのが望ましいと言える．これを利用すると，今我々が直面している問題について，おおよそ検討をつけることができる．一例をあげると，少子化が続く我が国では大学進学率がおおよそ 50% と言われている．最近 5 年間の出生数は年間 100 万人であることを考えると，50 万人が大学進学することになる．通常 4 年で大学を卒業すると考えると，1～4 年生の全体数は 200 万人となり，上記 5) 項の学部生数の 260 万人と近い値を取ることからも納得できる（実際の学生数は多いが，留年生がいることを忘れないように！）．

次に分析を進めていく中で，数字のつじつまが合わないことがわかる例をあげる．日本映画製作者連盟によると，2011 年の全国映画館の入場者数は延べ 1 億 4400 万人であると示されている．ここ数年若干の増減はあるが，ベンチマークとしては，全国映画館入場者数は，約 1 億 5 千万人であるとみてよい．一方，これを別のデータから推計することを考える．総務省統計局の平成 23 年（2011

2章 仮説構築に適したデータを取得しているか

年）社会生活基本調査の国民の趣味・娯楽の統計結果として，映画鑑賞（テレビ・ビデオ・DVD などは除く）をする総数は，約 4 千万人で，おおよそ 1 年間に一人当たり平均で 7 回映画館に来場するという結果になっている．例えば，この社会生活基本調査を利用して 2011 年の全国映画館の入場者数を推定すると，どうなるだろうか．4 千万人 ×7 回で年間延べ 2 億 8 千万人の来場者数があると算出される．日本映画製作者連盟の統計値 1 億 4400 万人と倍の開きがあることがわかる．日本映画製作者連盟のデータは，全国の映画館によって調査されたものであるとすれば全数を把握したことになるので，これが正解（いわゆるベンチマーク）だとすれば，社会生活基本調査のデータは，何を意味しているのだろうか．気をつけなければいけないのは，まず社会生活基本調査は約 20 万人を対象とした標本調査であるため，全国で年間に 4 千万人が映画鑑賞をするとした部分は推測であるということである．また，平均来場回数も 7 回としているが，これも 20 万人の標本値からの類推であることを留意しなければいけない．このように，推測する部分が入り込む状況が多いほど，ベンチマークからは外れていく可能性があるということである．この例では，社会生活基本調査データが悪いデータだと言っているのではなく，全国の映画鑑賞者数を類推することにこのデータを用いることは適さないということがわかる．もともと社会生活基本調査のデータはそのような利用の仕方ではなく，他の娯楽・趣味と比較して，それぞれが国民にどの程度利用されているか割合を知るのが目的だということを忘れないようにしなければいけない．すなわち，それぞれのデータが何に基づいて，どういった目的で求められているかを見極める必要があり，基本となるデータはなるべく，ベンチマークを利用するのがよいということである．

2.2 公開データおよびアンケート利用時の留意点

社会における様々な傾向を把握するには，公開データを活用するのが効率的である．これは各省庁や各種調査機関が調査した結果を，国民に対して公開しているものである．一例として，統計局のサイトを見ると，「人口・世帯に関する統計」「住宅・土地に関する統計」「家計に関する統計」「物価に関する統計」「労働に関する統計」「文化・科学技術に関する統計」「企業活動・経済に関する統計」「地域に関する総合統計」など参考になるデータが公開されている．また，「東京大学社会科学研究所 SSJ データアーカイブ」には，情報通信・マスメディアから経済・教育・福祉・環境・犯罪等に関する幅広い分野で，人間の行動や意識に関する調査結果などを多く掲載している [3]．海外では，アメリカ連邦政府 70 の統計機関の情報が公開された「FEDSTATS」をはじめユネスコ統計局もデータを公開しており，様々な人が新しいアイデアやサービスを創造できるような仕組みになっている．以前は，こういったデータが無いか，入手することが困難であったが，現在では，ネット上で検索し，簡単にダウンロードできるだけでなく，オンライン上で視覚化するツールが準備されており便利である．政府の動きだけでなく，コミュニティのオープンデータもイギリスでは公開されている (Data hub) [4].

このようにインターネット上で容易に入手できるデータであるが，これらのデータを利用する時にも留意する点がある．それは，そのデータの前提条件を把握することが重要だということである．例えば，携帯電話サービス提供 3 社が，それぞれ表 2.1 のように携帯電話サービスの人口カバー率を掲載している．一般に，人口カバー率というと，「あるエリアにいる人がどれだけ利用できるか」を表していると考えられる．例えば人口カバー率が 90% というと，国土の90% をカバーしているのではなく，我が国の国民の 90% が利用できるエリアをカバーしているという意味となる．表 2.1 に示すように，実際には携帯電話会社 3 社のカバー率の定義が異なるので，一概に比較ができないということを認識しておく必要がある．例えば，ドコモでは，市区町村役場が存在する地点が圏内かどうかに基づいているが，KDDI は，日本全土を 500 m 四方の「メッシュ」で分割し，そのメッシュの内部がどれだけカバーされたエリアかという

2章　仮説構築に適したデータを取得しているか

表 2.1　携帯電話の人口カバー率

	ドコモ	KDDI	ソフトバンク
これまで使われてきた人口カバー率の定義.	市区町村役場が存在する地点が圏内かどうかという考え方.	日本全土を500m四方の「メッシュ」で分割し，そのメッシュの内部がどれだけエリアかという考え方（メッシュ内の40%が圏内であれば，メッシュ内の人口の40%をカバーしていることにする，という算出方法）.	KDDIと同様に500mメッシュ方式を採用．現時点で算出方法を公開していないが，自社内の基準で一定のエリアをカバーした時点で，そのメッシュをカバーエリアとして算入.
今後は統一的な計算方法になる.	日本全土を500m四方の「メッシュ」で分割し，そのメッシュの内部がどれだけエリアになっているかという考え方． （メッシュ内の50%が圏内かどうかで，メッシュ内の人口の100%をカバーしているか，0%かを判断する，という算出方法）.		

考え方に基づいている．さらに，ソフトバンクのように算出法を公表していないキャリアもいる．しかし，長い間異なる定義で利用されていた人口カバー率も，2014年7月から，KDDIが適用している方法を利用して統一された．そういった動きにも留意しておく必要がある．昨今，情報通信系のサービスは競争が激しいため，他社との比較で自社の優位性を誇張するため，通信速度，料金，その他付加価値などについて言及しているが，前提となる条件が同じかどうかということをきちんと見極めておく必要があるということである．

　次に，就職率の例をあげる [5]．厚生労働省や文部科学省では，毎年全国大学生の就職率を公表する．これは，より優秀な学生を確保するため，個々の大学でもその値を公表している．例えば，全国の大学の2012年の就職率は93.6%で，東日本大震災で落ち込んだ景気観が徐々に持ち直しており，年々増加していることがわかる．一般の人達は，この数字を恐らく卒業した学生の9割以上のほとんどの学生が内定を得て，4月から社会人になっていくと感じると思う．しかし，就職率の定義では，分母となるのが大学卒業予定の学生数全体ではなく，

2.2 公開データおよびアンケート利用時の留意点

就職希望者数が分母だということに注意する必要がある．就職希望者とは，どのような人であるか考えてみてほしい．この中には大学院進学者は含まれない．近年，工学系であれば，大学や学部にもよるが，大学院進学者数が学部卒業で就職していく学生よりも比率が高い状況もあり，かなりの数が除かれる．また，家庭の事情で就職を希望しない人もいるので，そういった人たちを含めると，当然就職率は下がる．別にだましているわけではなく，就職率の計算方法については，資料に但し書きがあるが，通常はあまり注意を払わないので，上記のような誤解が生じてもおかしくないといえる．数値自体は信頼できるものであっても，それがどのような前提の上に得られたものかをあらかじめ把握しておくことが重要だということに留意してほしい．

この大学生の就職率と同様の錯覚を生じさせるものとして，失業率（あるいは雇用率）がある．日本では，ここ 30 年間に失業率が 2〜5% の幅で変動している．この失業率は，労働力人口に占める失業者の割合で計算されるが，その分母となる労働力人口とは非常にあいまいな定義である．労働力人口とは，15 歳以上で，労働する能力と意思を持つ者の数をいう．したがって，主婦（主夫）や学生は，労働の意思を持たないため，労働力人口に含まれない．また，失業者とは参照期間において，仕事はないが，就業可能であり，かつ仕事を探す活動をしている者を指す．この中には，1 週間のうち 1 日でも働いて賃金を得た者は含まれない．このような前提のもとに失業率が計算されているのだという認識が必要である．

また，各種サイトに公開されているデータだからといって，的確にまとめられているかというと必ずしもそうではないことに注意する必要がある．現在は，公的な機関のホームページだけでなく，だれでもがブログ等の情報発信を公開情報として発信しやすくなっている．これらのブログ情報は，その性質上個人的な見解を含んでおり，多くの信頼ある情報をもとにデータ解析をした結果ではないので，その結果を用いる際には，吟味が必要である．これまで，私の研究室の卒業生も卒論をまとめる際に，どうしてもデータが得られないので，様々なブログ情報を調べて，そこから考察を得ようとしていた．仮説を構築する際のヒントとして参考にするのは良いと思うが，それが common sense（いわゆる世間一般に認める共通感覚）かどうかを見極めなければいけない．また，た

2章 仮説構築に適したデータを取得しているか

とえ公共団体が発表したデータであっても，現代は激しく環境が変化する時代であることから，周りの環境の変化を的確に捉えているかどうかも見極める必要がある．

しかし，いくら見極めようと努力してもできない場合もある．例えば，2008年のリーマンショック時は，世の中がどういう方向に進むのか，一般の人達にはその原因が知らされていなかった．すなわち，証券会社やトレーダ等はそういった情報を隠していたので（あるいは彼ら自身も気づくことができなかったので），世界的な恐慌に陥ってしまった．たとえ，地位のある企業であれ，人間であれ，隠ぺいや秘匿といった行為を行うということは最低の行為であることは否めない．そういった場合に，我々は何を信用すればよいのであろうか．こういった秘匿の行為のはざまでアラームを上げる人がいるので，そういった人の意見に耳を傾けるバランス感覚のとれた幅広い情報収集活動が必要となる．

検討を進める際に，"こういったデータがあればよいな"と思いながら公開データを探して見つからなかったという場合を経験した人も多いと思う．なかなか自分の思った通りのデータを他の人がまとめていたという都合のよいことはあまり無いものである．その際に，有効になるのがアンケートによるデータ収集である．次に，このアンケート調査の実施や結果をまとめる際の留意点を説明する．

通常我々が実施するアンケート調査は，標本調査が基本となる（例えば，国勢調査などは我が国全世帯に対してアンケートを実施するわけであるが，一般にこれはかなりの費用がかかる．そのため，通常は標本を選んで代表的な傾向を探る方法がとられる）．ここで，検討を成功させるための第一歩として，まずサンプルをいかに適切に抽出するかがポイントとなる．ひとつのサンプル抽出失敗の代表例として，アメリカ大統領選において，ルーズベルトとランドンの対決がよくあげられる．リテラリー・ダイジェスト社は，これまで5回の大統領選挙で予測を外したことは無いという実績があるので，ランドンが当選すると予測した．当時無名のギャラップ社は，逆にルーズベルトが当選すると予測した．結果はリテラリー・ダイジェスト社の意に反してルーズベルトが当選し，ギャラップ社が正しい予測をしたことを証明した．なぜ，このような番狂わせが起こったかというと，リテラリー・ダイジェスト社は裕福な市民のみにアン

2.2 公開データおよびアンケート利用時の留意点

ケートを依頼していた．その結果，裕福な市民に受けのよいランドンに票を投じようという意見の人が多かったので，その傾向が国民全体の代表的な意見だと推測した点に間違いがあった．一方，ギャラップ社は，無作為[(6)] にアンケート調査を行っており，特定の立場や環境に置かれた人だけでなく，様々な人の意見をもとに推測していた．すなわち，聞く人に偏りがあると，目測を誤るという代表的な例である．

こういった例は多数存在する．例えば，性別や年齢別によって行動パターンや思考パターンに大きな違いがある事象などは，アンケートは対象とする標本をどのように取るかに気をつけなければいけない．最近では，街頭アンケートや郵便によるアンケートよりも，手ごろで早く調査が進むため，Web によるアンケートが増えてきている．しかし，Web アンケートは，手段として PC やスマートフォン等の端末を利用し，インターネット回線を介して行うものであるので，必然的に高齢者の回答割合は低くなり，若い世代の回答がほとんどとなる．何を得たいかその内容によっては，適切なデータを得られない可能性も出てくるので，ターゲットとする回答者を想定した実施方法が必要となることがわかる．

以上紹介したものは，誤解を招くサンプル例として考えることができる．現在，結果の集計等については，Excel を用いて，簡単に様々な分析が可能となっているので，上記で述べた点に注意しながら，参考文献 [6] や [7] などで実践的な方法を身につけていってほしい．

[(6)] 無作為とは，ランダムに抽出することを意味しているが，これには様々な方法がある．一般に利用されるのは「単純無作為抽出法」であるが，何らかの規則に従って母集団から標本を抽出する「系統抽出法」（例えば，各人に順番に通し番号をつけ，5 の倍数の番号を持った人を選ぶ）や調査する母集団を構成しているより小さな集団に分割し，おのおのの集団から標本を抽出する「層化抽出法」など，状況に応じて使い分けていくことが重要となる．

◆ コラム ◆
通信設備費用の比較

　1980年代半ばから始まった私の研究テーマは，光ファイバをユーザ宅まで敷くにはどういった構成にしたらよいかであった．当時は，日本全国で約6000万の電話サービス契約者数が存在し，まさに電話サービスが日本全国隅々まで普及した時代である．同時に，1985年は日本における通信自由化元年であり，複数の通信事業者で，ユーザを取り合う競争時代に入った年でもあった．サービスとしては，明らかに電話サービスが重要な位置づけであった．その頃，電話サービス以外の新しいサービスを対象にした30年先の設備の在り方を見据えた研究をしていたわけである．

　従来から敷設されているメタルケーブルよりは，価格が一桁高い光ファイバを使って，どのように経済的に敷設していくか結構悩みながら検討したことを覚えている．その1つが電話局から単純にユーザ宅ごとに1本の光ファイバを敷く場合と，ユーザ宅までの途中に多重化装置を設置する構成の創設費の比較検討である．この構成は，電話局から多重化装置が設置されている場所までは1本の光ファイバで複数ユーザの信号を束ねて伝送し，そこからユーザ宅までは，1本1本ユーザ対応に光ファイバでつなぐというものである．

　実験環境においては，距離に応じた光ファイバの総本数と多重化装置コストを計算すれば創設費は簡単に求まる．しかし，実際には多重化装置は，マンホール等の地下や，電柱の上に設置されるため，工事費用が状況に応じて異なる．例えば，都市部では，地上に設置するスペースが無いので地下のマンホールに設置したり，もしマンホールが無い場合は土木工事を起こす必要がある．一方，地方では，設置可能なスペースが地上で確保できたり，ユーザ数も少ないことから小容量の規模の小さい多重化装置を電柱上に設置することなどで，工事費用を削減することも可能である．

　したがって，各地域の創設費を算出する際に，地域に応じた土木設備状況を考慮しないと，公平な検討ができないことから，地域ごとの公示地価を参考データとして，工事費用のモデル化を検討した．このように条件をそろえるということは様々な場面で出てくるが，特に費用面の比較などでは，注意を要するところである．

2.3　バイアスがかかったデータの留意点

(1) 「悪いことほど少ない頻度」の拡大解釈

　日本は地震大国である．我々はたびたび揺れを経験するが，地震に対してどのような印象を持っているだろうか．我々は，震度 1 の地震と震度 7 の地震を比較すると，阪神淡路大震災や東日本大震災で経験しているように，震度 7 の地震の方がはるかに被害の影響が大きいことを理解している．一方で，震度 1 のような揺れの小さい地震は頻繁に発生しているが，被害の影響が大きい震度 7 の地震はめったに起こらないと，我々は考えている．

　また，我が国の交通事故件数について推移を調べてみると，交通事故の中で死亡に至る事故件数は，データから計算するとおおよそ 0.6% と実際に少ない．接触事故などのちょっとした事象は頻繁に起こるが，死に至るような重大な事故はめったに起こらないと考えているのではないか．このように，我々は，より影響の大きいことや悪いことほど件数が少ないと考えている．

　地震に関しては，グーテンベルク・リヒターの法則という地震の発生頻度と規模の関係を明らかにしたものがあり，片対数グラフで表すと直線関係になることが知られている [8]．確かに，図 2.2 に示す通り，2005 年から 2015 年までの約 10 年間の我が国の震度 4 以上のこれまでの地震の発生回数を対数グラフ化すると，きれいな $\frac{1}{f}$ グラフを描く．この傾向は，いわゆる「べき乗則」[7] と呼ばれており，べき乗則に従うデータは，小規模な事象の回数から大規模な回数を予想することができるわけである．すなわち影響の少ないできごとは件数が圧倒的に多く，そこから影響の大きいできごとは極端に件数が少ない（でも 0 でない）ことが確率としてわかる．こういった傾向は，誰もが納得できるところである．

　一般に，頻度が少ないことに関しては，予測するのが難しく，特に地震のような自然災害などの事象に対する備えができないから，一旦発生した時の影響が大きいと考えられる．大地震のように，こういった頻度が低い事例が，その

---

[7] べき乗則は，特に自然現象や社会経済の仕組み，SNS などの人間のつながりなどを表すのによく利用される．2 つの変数を対数グラフに描いた時に線形性を示す性質である．ちなみに，震度の差はもともと対数関係があるので，図は両対数グラフになっていると考えてよい．

2章　仮説構築に適したデータを取得しているか

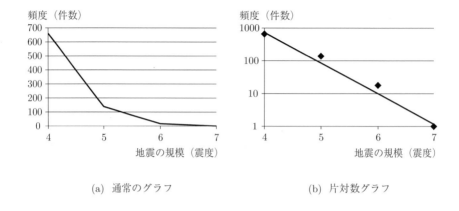

(a) 通常のグラフ　　　　　　　　　(b) 片対数グラフ

図 **2.2**　我が国の地震の発生頻度と規模の関係
（文献 [9] より引用．著者一部調整）

関心分野において典型的な例として取り上げられる場合がある．例えば，東日本大震災では，原発事故により放射能が飛散した．そのため，各自治体や関係団体では，毎日観測を行っていたが，事故発生初期の段階では，被災した限られた地域での影響であり，全国では大きな影響はなかったにもかかわらず，海外諸国では，日本産の品物はどの地域であろうと全てに対して輸入制限がかかるといった，あたかも日本産の品物は全て被ばくしているというようなできごととして扱われた．これは，頻度が低いから影響が大きいということが，日本全体が被ばくしたという誇張に利用された典型的な例である．

　以上をまとめると，できごとに対しては，影響の大きさと頻度を的確に把握し，あたかも典型例であるようなバイアスにひっかからないことが重要である．

(2)　統計データの表現による誇張

　統計データの中には，確かに他のデータよりも目立っているデータはありえる．そのような提示された統計データを誇張して，人々に印象づけるというやり方がある．例えば，「今年の夏は記録的猛暑でした」，「今場所の横綱同士の一戦は，歴史に残る大一番でした」といったニュースなどである．前者であれば，まずどの年と比較しているのかが不明である．よく考えれば，例年（前出）

2.3 バイアスがかかったデータの留意点

あるいは前年と比べているのだと納得がいかないでもないが，どの程度の暑さだったのかといった定量的な解説も必要となるであろう．一般の人にとっては，過去の事実などあやふやになるので，そう言われればそうかなといった具合になってしまう．後者などは，過去のどの一戦と比較しているのか，またどのような見方や評価により，歴史に残るのか不明である．人は，自分の感じ方や受け取った印象から，こういった言葉（記録的，歴史に残る，最大の，最高の，最悪のなど）でデータを誇張することを行う傾向にあることに注意を要する．そのため，それが大々的にアナウンスされれば（特にメディアを通して），一般の人達もそういうものだったなぁと暗示にかかってしまう恐れがあることに注意しなければならない．

　したがって，特に理工系の出身学生諸君や企業でこれから活躍する若手の人たちにおいては，ニュースで誇張された表現には，そのまま鵜呑みにしないで，"何と比較し"，"どのような評価をしているのか"を吟味する力を身につけてほしい．

(3) 全体に占める割合が多くないにもかかわらず象徴的な表現

　各省庁などが国民への方策を検討する時，例えば税金，保険料，補助金さらには年金など金額を決める場合，どのような試算を行っているのであろうか．通常，こういった金額は，その人の年齢，勤務年数，年収や家族構成により異なるが，標準世帯といった考え方を導入する．この標準世帯は，夫婦と子供2人で構成され，有業者が世帯主1人に限定された世帯で，1969年から利用されている．ところで，一般世帯は，国勢調査では，核家族，非核家族，非親族を含む世帯，単独世帯など16種類に分類されている．実際に，総務省統計局のデータをもとに，図2.3にこれまでの各世帯の1980年から2005年までの推移を示す．これを見ればわかる通り，1980年には確かに親子世帯（図中 ② に相当）が40%以上と多いことがわかる．世帯当たりの子供の数が約2名とわかっているので，標準世帯にあっていると言える．一方，25年の月日を経て，2005年にはどうであろうか．図からも明らかであるが，単独世帯（図中⑯に相当）が30%以上と親子世帯よりも多くなっていることがわかる．したがって，夫婦と子供という標準世帯をもとに試算しても，それが国民の3分の1の世帯にし

33

2章 仮説構築に適したデータを取得しているか

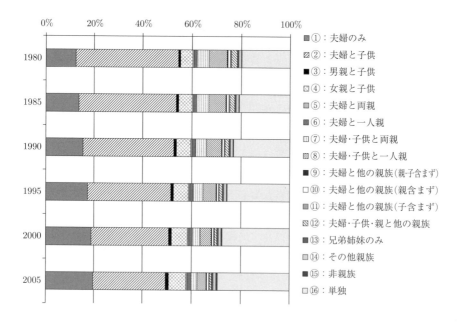

図 2.3 我が国の世帯数の内訳推移
(文献 [10] より引用．著者一部調整)

か参考になっていないのがわかる．このように，昔は代表的な状態が，年月が経つとともに，変化して，別の状態が代表的なものとなっているにも関わらず，相変わらず代表値として利用される事例があることに注意しなければならない．

2.4 データが無い場合もしくは入手困難な場合の対処

(1) 補間，補外による対処

図 2.4(a) に示すように，スマートフォン市場のこれまでの変遷を分析するため，過去5年間の毎年のスマートフォンの出荷台数をグラフに表した．ところが，2010年のデータがどうしても見つからず，なんとなく中途半端な状態になっていたとする．こういったことはよくあることである．例えば，データが欠落している期間だけ集計し忘れたり，なんらかの事故によりデータが損失してしまった場合などである．そういった場合はどのように対処すればよいか．1つは，上記の例であれば，前年と翌年のデータから補間する方法[8]が考えられる．補間には，図 2.4(b) に示すように，前後2つのデータの平均値を取る方法や，前後のデータにおのおの重みをつけて，どちらに近いかを考慮した方法などが考えられる．一般に入手したばかりのデータ（ローデータ）はこういった欠落があるので，データクレンジングといって，データを時間順や売上順といったように分析しやすい形に整備するステップが必要となる．図例のように，スマートフォンの出荷は毎年行われているので，2010年だけ業績がないという

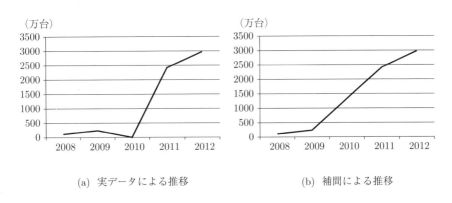

(a) 実データによる推移　　　　　(b) 補間による推移

図 2.4　日本のスマートフォン出荷台数の推移
(文献 [11] より引用．著者一部調整)

---

[8] 図 2.4(b) に示した方法は，いわゆる線形補間と言われる方法である．その他にも，曲線で補間する多項式補間やスプライン補間などの方法がある．

2章　仮説構築に適したデータを取得しているか

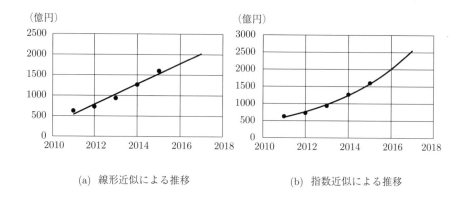

(a) 線形近似による推移　　　　(b) 指数近似による推移

図 2.5　電子書籍の売上高の推移
（文献 [12] より引用．著者一部調整）

ことはありえない．このような場合は前後のデータから傾向を把握するのが妥当と言える．

次に補外について説明する．我が国の電子書籍市場は，年々増加の一途をたどっている．図 2.5 からも明らかなように，2011 年から 21015 年までの売上高は実績値として毎年上昇していることがわかる．では，これをもとに 2016 年，2017 年はどの程度の売上高が期待できるか．このように特にデータが得られていない領域に対して予測する場合に，補外という考え方が適している．ここでは，2 通りの方法を示している．図 2.5(a) は，線形近似による補外である．線形近似は，複数の実績値（プロットした点）から想定される関数を一次関数 ($y = a \times x + b$) で近似する考え方である．傾き a と切片 b の決め方は，想定される一次関数により得られた値と実績値の差の合計（正確には，残差の二乗和）が最小となるように（プロットした点の真ん中を通るように）定める（最小二乗法）．一方，図 2.5(b) に，指数近似による補外の例を示す．指数近似は，想定される関数を指数関数 ($y = C \times e^{kx}$) で近似する考え方である．定数 C と k を決めるのは，やはり最小二乗法を利用する．他にも対数近似，多項式近似などがあるが，どれを採用するかは，いくつか試してみて，グラフ化して当て

2.4 データが無い場合もしくは入手困難な場合の対処

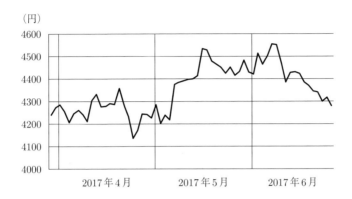

図 2.6 A 社の株価変動（2017 年 4 月～6 月）
（文献 [13] より引用．著者一部調整）

はまりのよさそうなもの[9]を選ぶとよい．Excel では，このようなメニューが用意されているので，簡単にグラフを描いて，判断することができる．電子書籍市場では，2015 年までの傾向が続くと仮定すると，指数近似の方があてはまりはよさそうだということがわかる．

ただし，このような考え方で補間や補外ができない例があるので，注意しなければいけない．図 2.6 に，ある企業の株価の変動を 1 日ごとに 4 月から 6 月までの 3 カ月間プロットしたものを示す．この動きの中で，例えば 1 月後半のデータが欠落していたとしても，変動が大きく，直前の挙動の延長だけでは推測ができないため前後の情報だけでは決められないという状況に陥る．したがって，補間や補外が適用できる場合は，前後の変化の傾向の延長線にあると考えられる事象に限られることを意識しておいてほしい．

(2) 類似データの利用による対処

今，皆さんは A 社の商品開発担当者で，新たに開発した商品を 3 カ月後に市場に投入するに当たり，商品を何個製造しておけばよいかを検討しなければな

---

[9] どの近似式があてはまりがよいかを比較する方法として，決定係数（R^2 とも言う）を算出する方法が一般的に行われている．決定係数は 0 から 1 の間の値を取り，1 に近いほど当てはまりがよいことを示す．

2 章　仮説構築に適したデータを取得しているか

らない状況にあるとしよう．いったい，何個売れると予想するだろうか．これ
がつまりは商品の価格を決定する要因にもなっている．毎日数百個製造できる
という商品であれば，予測がはずれても柔軟に対応でき挽回がきくかもしれな
い．しかし商品の準備に数カ月もかかる大きな品物であれば，予測がはずれた
時の影響は大きい．ある時は品薄状態が続き，せっかく消費者は購入したいの
にその機会を逸してしまうし，在庫があふれると管理費用がかさんで企業負担
が増えてしまう．ここで課題となるポイントは，新商品であるがゆえに市場で
の実績が無い，まさにデータが無い状況で，どの程度売れるかがわからないと
いったこと，こういった状況をどのように考えていったらよいかということで
ある．

　企業では，新商品を市場に投入する前に，アンケート調査や試供品によるモ
ニター調査など，事前に消費者の反応をサンプルとして集めている．こういっ
たマーケティング活動は大変重要であるが，費用がかかるため，全ての企業で
こういったことができるかというと残念ながら困難な場合が多い．そのような
状況下ではどうしたらよいだろうか．その場合の 1 つの考え方として，過去の
類似商品の傾向を参考にする方法が挙げられる．新商品のどういった点に着目
するかで，何を類似商品とするかは違ってくるが，例えば，タブレット端末が
新たに発売された時などを考えてみよう．その需要予測には，タッチパネルや
ネット接続という特徴があることから，スマートフォンの実績データを参考に
することが考えられる．また，テレビは年々映像が高品質化する方向に向かっ
ていることから，4K テレビの需要予測には，液晶テレビの実績データを参考に
する（液晶テレビも最初は高価格であったが，技術の進展や普及により低価格
となって，出荷台数も増えだしたという動き）といった方法である（図 2.7）.
ただし，ここで気をつけなければいけないのは，タブレット端末は，操作性は
スマートフォンと同じであるが，機能的には PC に近いと言える．そのため，
スマートフォンからタブレット端末利用に移るユーザだけでなく，PC からタ
ブレット端末利用に移るユーザも考慮する必要があるかもしれない．あるいは，
それぞれの利用形態や機能に微妙な違いがあることから，端末利用のすみ分け
が生じるかもしれない．この影響をどの程度考えるかが重要である．また，液
晶テレビの傾向は，2010 年にアナログ放送から地上波デジタル放送に切り替わ

38

2.4 データが無い場合もしくは入手困難な場合の対処

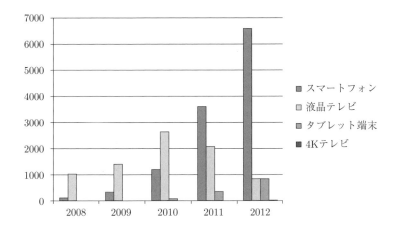

図 **2.7** スマートフォン，液晶テレビ出荷台数の推移

るという我が国の方針転換があったため，その特需による需要の伸びが影響しているともいえる．同様の政策は 4K テレビでは期待できない．そのため，液晶テレビの傾向をそのまま適用すればよいかというと，必ずしもそうではないということに注意しておかなければいけない．

　以上の考え方を参考に，これから市場に普及していくであろう，情報を収集したり送信したりするメガネ，時計，肌着，靴といったウェアラブル端末の需要予測はどのように考えたらよいだろうか，自身で検討してみてほしい．

(3) サンプル数を小さくする対処

　現在は，ICT 技術を駆使して，様々なデータを数多く入手できるようになっている．いわゆるビッグデータを分析することにより，どの企業も自分達の商品開発や事業戦略に活用している時代である．しかし，データが多ければ，それでよいのだろうか．人間はより多くのものを手に入れてしまうとそれで安心してしまう習性があるが，取得したデータのある部分が，全く役に立たない場合はどうするかを考える．以前に筆者は，通信サービスのユーザからの問合せ（セットアップや故障などに関する様々なトラブル）データをもとに，今後ど

2章　仮説構築に適したデータを取得しているか

のような新たなサービスが必要かを，ユーザニーズから読み取るコンサルティングをしたことがある．全国のユーザからの問合せとなると，1カ月で数十万件と膨大な数のデータが集まり，目だけではとてもそのデータから傾向や特徴を読み取れるものではない．実際には，入手した膨大なデータをサーバ上でテキストマイニング技術を用いて，分析を行った．まずは，データのクレンジングといって，欠損値や異常値が無いかを確認するのだが，その際にわかったこととして，そもそもその通信サービスは全国で数カ所ある顧客対応センターでユーザからの問合せに対応しており，ユーザからの問合せをデータとして書き留める表現が地域によってばらばらであったということである．例えば，端末の製品名で記述されている表現もあれば，略称やその部署の人達だけにしかわからない表現になっている場合もあった．これだと，一括してデータ分析をしても，それらが同じグループに分類できる事項なのかどうかが判断つかなかったりする(10)．もう少し一般的な状況を考えると，多くのデータを入手したが，欠損値が多くてそのままでは分析を進めることができない場合に相当する．このような場合はどうするか．数値データであれば，(1) で述べたように補間や補外をすることも考えられるが，定性的なデータであれば，除外するということも考える必要がある．そういった場合，データの量および精度ともに不十分な状況になるが，部分的なデータで分析する「クイックウィン」を利用する方法が考えられる [14]．先の例で言えば，表現方法が地域によって異なるのであれば，とりあえず地域別に分析をしてみるといった試みである．入手したデータが100%完璧であることは一般的に考えてもまずないので，今述べた方法は現実的には有効な方法であることを覚えておいてほしい．

　以上第2章で述べた留意点は，具体例を交えながら，参考文献 [15] に丁寧に解説されているので，詳細はそちらで確認してほしい．

---

(10) 例えば，"光"，"FTTH"，"1G" などは，全て "光ファイバを用いたブロードバンドサービス" を指しているが，これをテキストマイニングで解析しても，同じものとはみなさない．まず，コーパス（文章を構造化した大規模データベース）にそれを登録する必要がある．このような作業をその都度実施していくと，多くの同一とみなせる情報がコーパスに蓄積され，自動的に同じものとして分類してくれる．このコーパス構築がテキストマイニングの効率的な利用の鍵となる．

◆ コラム ◆
長期予測に対する考え方

　時間の経過に従って変化するデータを時系列データという．一般に，過去の時系列データ（実績）をもとに，将来の時系列データはどうなるか（予測）に利用されることから，本章との関連で言うと補外法の範疇に入る．

　この時系列データ x(t) であるが，一般に，傾向を表す成分 ($T(t)$)，長い周期の変動成分 ($C(t)$)，短い周期の変動成分 ($S(t)$)，不規則な変動成分 ($I(t)$) の 4 つの成分からなり，次式で表される．

$$x(t) = T(t) + C(t) + S(t) + I(t) \quad もしくは x(t) = T(t) \times C(t) \times S(t) \times I(t)$$

ここで，傾向を表す成分は，時間，日，週，月単位での増加や減少傾向で，比較的短期的な期間を対象とした性質である．将来予測といっても，翌日，翌週，翌月がターゲットの場合は，この傾向を表す成分を対象にすればよい．

　一方，長期的な予測の場合は，傾向以外の要因が影響を与える．長い周期の変動成分は，景気の循環変動を意味し，例えば比較的短いサイクルの在庫投資（約 40 カ月）の景気変動によるキチンの波，主循環であり約 10 年周期の設備投資循環を表すジュグラーの波，40〜60 年といった半世紀に亘る周期の技術革新によるコンドラチェフの波などがある．

　さらに，短い周期の変動成分は，製品の生産や販売が季節に応じて一定の傾向を変化する事象，いわゆる季節変動を表し，不規則な変動成分は，その名の通り，偶発的に起きる事象に相当する．

　ここで，時系列データの分析手法としては，移動平均法や指数平滑法などがあり，例えば移動平均法を利用すると，まず不規則な変動成分を取り除くことができる．次に，平均計算の対象となるデータ範囲（平滑化の期間）を 1 年間とすれば，短い周期の変動成分も取り除くことができる．このように各変動成分を分離する方法を TCSI 分離法とよぶ．

　この時系列データ分析手法は，古典的な考え方で，秩序だった変動に不規則な変動が加わったモデルであり，かつ不規則な変動同士は時間的な関連は無いことを前提としていたが，この不規則な変動成分が時間的に，独立ではなく何らかの関わりを持つと仮定したモデルの検討も進められた（自己回帰モデル（AR モデル），自己回帰移動平均モデル（ARMA モデル），自己回帰和分移動平均モデル（ARIMA モデル）などがそれに相当する．

2章　仮説構築に適したデータを取得しているか

第2章 参考文献

[1] 人口推計（総務省統計局），第3表 年齢（5歳階級及び3区分），男女別人口（各年10月1日現在）—総人口，日本人人口（平成12年～22年）
http://www.e-stat.go.jp/SG1/estat/List.do?bid=000001039703&cycode=0

[2] 人口推計（総務省統計局），第4表 年齢（各歳），男女別人口（各年10月1日現在）—総人口，日本人人口（平成12年～22年）
http://www.e-stat.go.jp/SG1/estat/List.do?bid=000001039703&cycode=0

[3] 鍵和田京子，石村貞夫著．『よくわかる卒論・修論のための統計処理の選び方』．p. 136. 東京図書．（2001年）

[4] 工藤卓哉，保科学世著．『データサイエンス超入門（ビジネスで役立つ「統計学」の本当の活かし方）』．日経BP社．（2013年）

[5] 薬師寺克行「就職率93.6%」のとんでもないからくり，
http://astand.asahi.com/magazine/wrpolitics/2012052900005.html?iref=webronza.
（2012年）

[6] 辻義人著．『Excelによるアンケート調査の第一歩』．ナカニシヤ出版．（2014年）

[7] 松原望，松本渉著．『Excelではじめる社会調査データ分析』．丸善出版．（2011年）

[8] ネイト・シルバー著（川添節子訳）．『シグナル＆ノイズ』．日経BP社．（2013年）

[9] 気象庁，震度データベース検索
http://www.data.jma.go.jp/svd/eqdb/data/shindo/index.php

[10] 人口推計（総務省統計局），第3表 世帯の家族類型（16区分）別一般世帯数，世帯人員及び親族人員—全国，都道府県，11大都市（昭和55年）
http://www.stat.go.jp/

[11] 株式会社MM総研，ニュースリリース（スマートフォン市場規模の推移・予測（2013年10月）
https://www.m2ri.jp/news/detail.html?id=82

[12] インターネットメディア総合研究所編著．『電子書籍ビジネス調査報告書2016』．インプレスビジネスメディア．（2016年）

[13] A社の株価変動（2017年4月～6月）
http://jp.reuters.com/investing/markets より作成

[14] 工藤卓哉著．『これからデータ分析を始めたい人のための本』．PHPエディターズグループ．（2013年）

[15] ジョエル・ベスト著（林大訳）．『あやしい統計フィールドガイド』．白揚社．（2011年）

3章

データをどのように加工するか

■ 3.1 データ群の特徴把握

たくさんのデータが集まったデータ群の特徴を見つけ出そうとする時，ふだん皆さんはどういったことを行うだろうか．本節では，この事柄に関わるいくつかの代表的な考え方をまとめた．

(1) 各種平均

表 3.1 に示すのは，クラス α における学生 A1～T1 までの 20 名の学生の期末試験における数学の成績である．さて，クラス α の数学の学力に関して，どのような考察ができるだろうか．表をざっと見て最高得点と最低得点を把握するというやり方もある（後述）．電卓があれば，平均値を出そうと試みることもできる．これまで小中学校で習ってきた単純かつ強力な計算方法は，誰でも知っている全てのデータの合計値をデータの個数で割るという以下に示す式 (3.1) だ．

$$通常の平均 = \frac{(x_1 + x_2 + \cdots + x_n)}{n} \tag{3.1}$$

表 3.1 は，上式を利用すると，80 点になる．これでいくらかクラス α の数学の学力が理解できたことになる．一般に上記の方法で算出する平均値を相加平均（または算術平均）という．しかし，平均値には他に幾何平均と調和平均というもう 2 種類の平均値がある [1]．

幾何平均には，「正の数のみしか扱えない」「ばらつきの大きな数の平均値の算出に利用される」などの特徴がある．そのため，ビジネス・経済・サイエンスなどの分野でよく利用される．例えば「人口成長率」「投資利率」などである．昨年の銀行の預貯金利率が 2% であった．今年は景気が回復したこともあ

3章　データをどのように加工するか

表 3.1　数学試験の成績結果（クラスの）

学生	数学点数	学生	数学点数
A1	90	K1	81
B1	72	L1	88
C1	86	M1	70
D1	70	N1	78
E1	74	O1	86
F1	93	P1	90
G1	75	Q1	76
H1	68	R1	81
I1	77	S1	83
J1	72	T1	90

り，利率が 6% となったとすると，相加平均では $\frac{(2+6)}{2} = 4$ となり，4% となるが，これは間違いである．例えば複利定期預金に 100 万円預けたとすれば，平均利率 4% の場合は，2 年後には $100 \times 1.04 \times 1.04 = 108.16$ 万円だが，実際には，$100 \times 1.02 \times 1.06 = 108.12$ 万円となり，400 円の差が生じてしまう．ここで，利率の平均の計算式は，$\sqrt{1.02 \times 1.06} \fallingdotseq 1.0398$ となり，これで計算をすると，$100 \times 1.0398 \times 1.0398 = 108.118$ 万円となる．一般式は，式 (3.2) のようになる．

$$幾何平均 \ = \ \sqrt[n]{(x_1 \times x_2 \times \cdots \times x_n)} \tag{3.2}$$

CAGR (Compound Average Growth Rate) は，国の GDP や企業売上高の成長率を表す数値であり，年平均成長率と訳されるが，一般に，これは相加平均ではなく，幾何平均を取っている．

　調和平均は，複数の数値の逆数を算術平均したものを逆数にすることで算出される方法である．比率で求められる値の平均値の算出に利用され，並列回路における並列抵抗値の算出など，エレクトロニクスやサイエンスなどの分野で使われる．代表的な例として平均速度の問題がある．例えば，行きは時速 20 km の自転車に乗り，帰りは時速 80 km の自動車に乗ったとする．相加平均で平均時速を算出すると時速 50 km になる．しかし，これは正しくない．時速 20 km

44

3.1 データ群の特徴把握

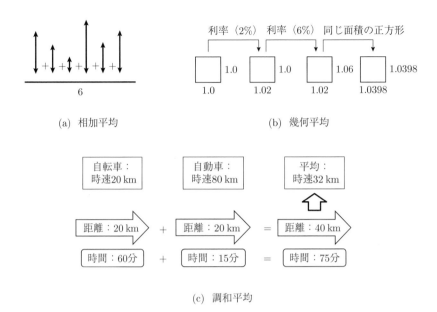

図 3.1 各種平均の比較

(平井明夫，岡安裕一著『データ分析の基本と業務』翔泳社，2013 年を参考，著者一部調整)

ならば，20 km 進むのに行きは 60 分かかり，帰りは 15 分かかる．したがって，トータルで 40 km の道のりを 75 分かけるので，平均時速は 32 km になる．一般に調和平均の計算式は，式 (3.3) のようになる

$$\text{調和平均} = \frac{n}{\left(\frac{1}{x_1} + \frac{1}{x_2} + \cdots + \frac{1}{x_n}\right)} \tag{3.3}$$

以上これらの平均値の関係を図 3.1 にまとめた．

(2) ばらつきの概念，最大値・最小値

次にクラス β の A2〜T2 までの 20 名の数学の試験結果を見てほしい（表 3.2）．相加平均を求めると，クラス α と同じ 80 点であることがわかる．はたしてクラス α と β では，学力は同じと言ってよいのだろうか．クラス α では，学生の点数が平均値（80 点）に近いところに集まっているが，クラス β では，

3 章　データをどのように加工するか

表 3.2　数学試験の成績結果（クラス β）

学生	数学点数	学生	数学点数
A2	99	K2	100
B2	64	L2	98
C2	97	M2	50
D2	60	N2	62
E2	66	O2	96
F2	93	P2	95
G2	91	Q2	46
H2	55	R2	94
I2	100	S2	72
J2	62	T2	100

だれも算出した平均値に近い学生はいないことがわかる．したがって，2 クラスの学生の数学に対する特徴はかなり異なると思われる．このように，平均値だけでは，上記のようなケースの違いは対応できないと言える．

　そこで，データ群の特徴をつかむもう 1 つのやり方は，先ほども述べたが，そのデータ群の中で最大値と最小値を求めることである．クラス α であれば，93 が最大値になり，68 が最小値になり，クラス β であれば，100 が最大値，46 が最小値になる．したがって，クラス α と β では平均値は同じだが，クラス α では，点数が最も高い学生と点数が最も低い学生の差が小さいので，他の学生はその間にいることがわかる．さらに，数学の内容をほとんどの学生が理解していると判断することもできる．一方，β の方がずばぬけてできる学生もいるが，全くといっていいほど，理解していない学生もいるということになる．したがって，他の学生がその間に入るので，よく理解している学生もいれば，あまり理解していない学生も含まれるだろうということが推測できる．ここで，最大値と最小値は，この 2 つの集団の中では，極端な値ではないかと疑問を持つ人もいるだろう．それでは，全てのデータを吟味して，これらの集団の特徴を表現することはできないだろうか．

　実は，この違いを表現できる考え方が「ばらつき」である．クラス α と β では，最大値と最小値がそれぞれ 1 個ずつだったが，複数個ある場合もある．ま

3.1 データ群の特徴把握

た，平均値に近い値は何個で，遠い値は何個あるかなど，ばらつきをもう少し一般化した考え方をまとめたのが，「分散」と呼ばれる値で，n 個のデータ x_i とその平均値 X を用いて，以下の式 (3.4) で示される．

$$\text{分散} = \frac{\sum\limits_{i=1}^{n}(x_i - x_m)^2}{n} \tag{3.4}$$

ただし，x_m は，n 個のデータの平均値とする．すなわち，個別のデータが平均値とどれだけ違うかを計算し，その 2 乗値の平均をとったものである．

この式に従って計算すると，クラス α の分散は 62 であり，クラス β の分散は約 388.7 である．もともとの点数が 100 点までしかないのに，分散が 388.7 と言われても，少しわかりにくいので，分散の平方根をとった標準偏差で比べるとよい．そうすると，α は 7.9 点の平均的な変動幅があり，β は 19.7 点の平均的な変動幅があることがわかる．これは，Excel を利用すれば，標準偏差を求めるメニューが用意されているので，データ範囲を選択するだけで容易に算出することができる．そこで，2 つのクラスの学生の特質は異なることがわかる．

(3) 並みの値，はずれ値の削除

γ 株式会社の社員は 10 名いて，その年収は，表 3.3 の通りとする．さて，この γ 株式会社の社員の平均年収はいくらになるだろうか．平均年収なので単純に相加平均を取ると 5495 万円になる．ばらつきが大きいので幾何平均を用いると約 833 万円になる．どちらが直感にあっていると感じたか？　もしいずれにも当てはまらない場合はどうしたらよいだろうか．話を単純にするため，相加平均をとりあげる．一般に企業で多いのは担当や社員と呼ばれる人たちである．課長や部長は，その人数が激減し，さらに上の役職になるとわずか 1 名となる．でも会社の経営に関わる人ほど年収が高いので（権限や責任が重くなるということ），これらの人達の年収を含めてその会社の平均年収を求めても意味があるのかどうか疑問である．一般にその会社の平均年収はいくらかと言われた時，もし 5495 万円と答えたら，みなすぐに飛びつくだろう．でも事情を詳しく調べていくと，担当者はだれもそのような給与をもらっているわけではないことがわかる．人によっては，だまされたと思う人も出てくるだろう．これは何

47

3章　データをどのように加工するか

表 **3.3** γ 株式会社の社員給与

社員	役職	年収（万円）
A	本部長	50000
B	部長	1000
C	課長	700
D	担当	430
E	担当	500
F	担当	450
G	担当	420
H	担当	510
I	担当	460
J	担当	480

が問題なのか．会社に勤務している人全員の給与を対象にしたことにある．もちろん全社員を対象にするという考え方は，間違っているわけではないが，極端に多くの給与をもらっている小数の人が入っているのが，問題なのである．

　以上をまとめると，極端な「例外」をどのように扱うかがデータ分析のポイントとなると言える．1 つの考え方として，例外を除外する（すなわち外れ値と見なす）方法がある．表 3.3 では，あきらかに最初のデータは，他のデータに比べて桁違いに高いと言える．そのため，最初のデータを外れ値とみなして，除外して再度計算すると，平均値は 550 万円になり，感覚的にあってきたと言えるのではないだろうか [11]．この外れ値を除外するバリエーションとして，片方だけでは不公平なので，最大値と最小値を 1 つずつ外す方法（この場合は，A と G を除外する．その場合は 566 万円となる）やこれを一般化し，大きい方と小さい方から k 個ずつ外す方法 [12]，値の大きいものから t 番目までを t 番目の値で置き換え，値の小さいものから t 番目までを t 番目の値で置き換える方法 [13]（例えば，t = 2 とすれば，A は 1000 万円，G は 430 万円と置き換えて，計算する．その場合は 596 万円となる）．状況に応じて利用すればよいが，

---

[11] データの中で例外を取り除いて計算した算術平均を削除平均と言う．

[12] 例外となるデータだけを恣意的に取り除くのではなく，均等に両端からデータをはずしていくので，刈込平均と言う．

[13] このような方法をウインソー化平均と言う．

外れ値と見なす際には，吟味が必要である．すなわち除外しない場合の結果と除外した場合の結果を比較して，考察することが重要となる．

◆ コラム ◆
企業の平均年収の算出について

　会社四季報などには，必ず企業の平均年収が掲載されている．ランキングなどもネット上では発表されており，平均年収で 2000 万円近い企業をトップに，上場企業がランクづけされている．賞与に関しては各企業で毎年変動するので，このランキングも毎年更新される．特に学生にとっては，就職先を選ぶ際に生涯を決める大変重要な情報と言える．しかし，平均年収が高い企業に就職したからといって，すぐにそういった年収を期待できるかというとそうではなく，長年勤めてやっと到達する場合もあるだろうし，若いうちからそれなりの活躍をしなければ得られない場合もあるだろう．そのため，1 つの重要な指標ではあるが，その読み方には注意しなければいけない．

　この平均年収は，国税庁の民間給与実態統計調査に基づいて算出されているものである．これによると，算出の対象となるのは給与所得者で，民間の事業所では，非正規を含む従業員と役員である．給与は 1 年間の支給総額であり，これには給料，手当および賞与も含まれている．平均給与（国税庁では，平均年収ではなく平均給与としてあくまでも給与所得を対象としている）は，当該企業の給与支給総額を給与所得者数で除したものである．この考え方を各企業では採用しており，学生から魅力ある企業という印象を与えるには，当然この平均年収（あるいは平均給与）が高いことが重要となる．企業によっては，税込の給与や賞与の他に残業料も含む場合もある．本節で見たように，給与は従業員の年齢，部門，役職などにより異なる（ばらつきが大きい）ので，それを 1 つの平均値という指標で表すには無理があるということは，理解できると思う．

　そのため比較のための指標として，企業の平均年齢は併せて勘案したい指標である．平均年収が高くても平均年齢も高ければ，それだけ平均年収に到達するには時間がかかることを意味しているし，平均年収が高いのに平均年齢が低ければ，早いうちから高収入が見込める期待が膨らむ．また，平均給与を算出した対象となる従業員は誰か（全従業員なのか，非現業部門の従業員なのか，あるいは現業部門の従業員なのかなど）などの前提条件を総合的に見る必要がある．

3.2 データの並べ方

数多くあるデータは，その特徴を見るために，順番に並べかえたり，定量的な考察をすることが重要である．しかし，全てのデータを，そのような形にうまく加工できるのだろうか．本節では，データの性質に応じたまとめ方を解説する．

(1) 尺度

ひと言でデータと言っても，計測器などを利用して時間や流出量などを測定できるデータもあれば，アンケート調査のように3つの選択肢（よい，ふつう，わるい）からなるデータもある．これらのデータを一緒に扱う時には注意を要するのは当然であるが，その前にまずどのようなデータがあるかを解説する [2], [3]．それらは，名義尺度，順序尺度，間隔尺度，比率尺度である．

一般に，ある団体に所属する会員の名簿を作成する時，その会員の氏名が必要となる．さらに名簿を作る際には，"あ"行や"か"行というように，氏名の最初の文字で，分類することで使いやすい名簿を作っている．また血液型は，A，B，AB，Oの4種類に分類されており，我々はそのいずれかの血液型を持っている．最近では，SNSが幅広く普及しているが，各企業ではそれらのテキスト情報を利用して，今どのようなキーワードが流行しているのかを把握したりする．これも例えば，政治，経済，健康，旅行などといった分類をすると把握しやすくなる．こういった文字情報を分類するのに有効なのが，「名義尺度」である．例えば，会員名簿は，あいうえお順に並べて，先頭にあるものから1，2と番号をつける，もしくは"あ"行の氏名を1，"か"行の氏名を2といった番号を付与する．また，血液型A型を1，B型を2とするなど，このように，名前などの文字情報の代わりに数字で表したものが名義尺度である．この場合，同じ数字であれば，同じデータとみなされる．データの大小や間隔，順序づけの概念は無いことに注意しなければいけない．電話番号，自動車のナンバー，学生番号など，同じカテゴリに分類されるデータをまとめるのが目的である．

次に，アンケート調査などで，よく「よい」，「ふつう」，「わるい」といった3つの選択肢から選んだ結果を分析する．しかし，このままでは，様々な分析が

3章　データをどのように加工するか

しにくいので，数字に直す．この場合は，名義尺度と異なり，選択肢に程度の差がある，すなわち順番があることがわかる．「順序尺度」は，まさにこういった状況で利用される尺度である．すなわち，何かの対象に対する評価で，例えば「よい」が3点，「ふつう」が2点，「わるい」が1点のように，対象の性質の大小や順序を数字で表したものである．ただし，データ間の間隔を保証するものではないことに注意する必要がある．スポーツや試験の順位づけで，1位，2位，3位としたり，資格などで1級，2級，3級などの評価，賛成と反対などアンケート調査で求められるデータなどをまとめるのが目的である．

　今日が月曜日だとすると2日後は水曜日になり，1週間後は再び月曜日になる．また，気温や体重，血圧なども毎日変化するものである．このようにどのくらい変化したかがわかるデータはたくさん存在する．このようなものを「間隔尺度」という．すなわち，間隔尺度は，個々のデータの間隔が等しいことに意味がある尺度である．2つのデータの差を比較し，その比率を取ることもでき，データ同士の下限を取ることもできる．例えば，暦，温度，テストの得点，知能指数などもそれである．特に，これらのデータの代表値は，算術平均，モード，メディアンで表すことができるのが特徴である．

　最後に，「比率尺度」は，2つのデータの比率，データ同士の乗除算に意味を持たせたものである．例えば，質量，重量，エネルギーなどの物理量に対して，ある基準となるものと比較して，どの程度の比率なのかや，全人口における50代の人口比や家計に占める教育費の割合などの社会的データなどがある．

(2)　昇順と降順

　データを順番に並べる操作をソートという．このソートの手法には，バブルソート，ヒープソート，クイックソート等があり，それぞれ特徴を持っている．ソートの仕組みに関心がある場合は，各種参考文献やホームページなどを見てほしい．一般に，ソートは，データを大きい順か小さい順に並べる．学校で経験があると思うが，クラスで一列に整列する時には，たいてい背の小さい順に並ぶ．一般に，小さい順に並べる方法を昇順と言い，大きい順に並べる方法を降順と言う．我々が作業をする時には，Excelなどの表計算ソフト上で行うのが普通であるが，これらのソフトは既にソート機能を備えているので，大変便利

52

3.2 データの並べ方

である．ここでのポイントは，昇順でも降順でも，どの項目をキーとして並べ替えるかである．例えば，先ほどの背の低い順に生徒たちを一列に並べるのであれば，身長がキーとなる．データ分析では，このように何をキーとするかを選ぶのがポイントとなる．このデータの並べ替えは，多くのデータの中から特定のデータを検索する時に，事前にどちらかの方法で並べ替えておくと大変効率よく検索できる（例えば，昇順を利用してデータを並べ替えたものに対して，データ検索を効率よく行う方法に2分探索法[14]がある）．

---

[14] 以下の手順で実施する方法である．
　① あらかじめ配列内の要素をキーの昇順に並べておく方法．
　② 探し出したいキー x と配列の中央の要素のキー y を比較．
　　② –1：もし，$x = y$ なら探索は成功．
　　② –2：もし，$x < y$ なら目的の要素は配列の前半にあるはずなので，探索する範囲を配列の前半に絞り，再び比較を繰り返す．
　　② –3：もし，$x > y$ なら目的の要素は配列の後半にあるはずなので，探索する範囲を配列の後半に絞り，再び比較を繰り返す．

3章　データをどのように加工するか

■ 3.3　データの相関と因果関係

(1)　相関関係とは

　2つのデータの間になんらかの関係があるかどうかを調べるのは非常に重要なことである．総務省統計局のホームページには，我が国の人口，自然，産業等に関する様々なデータが掲載されている．例えば，我が国の産業と家庭消費に関わる物価指数との関係や都道府県の人口増減と平均賃金の関係など，2つのデータ間に関係の有り無しを考察する際に利用されるのが，散布図と相関係数である [2]．

　表3.4にクラス α の学生20名の数学の成績に，英語の成績を加えたものを示す．数学と英語の成績にはたして相関があるかどうかを示したのが，図3.2の散布図 [15] である．図では，数学の点数がよい学生は英語の点数も比較的よい傾向になることがわかる．一般に，2つの要因を取り上げた時に，この傾向は大きく3つに分類される（図3.3）．すなわち，図3.3(a) は，本例で示した数学と英語の関係と同じように，片方の項目の値が上昇すると，もう一方も上昇する関係がある場合であり，これを正の相関関係と呼ぶ．一方 (b) は，片方の項目の値上昇に対して，もう一方は逆に減少する場合であり，これを負の相関

表 **3.4**　数学と英語の成績

学生	数学点数	英語点数	学生	数学点数	英語点数
A1	90	88	K1	81	90
B1	72	67	L1	88	89
C1	86	95	M1	70	63
D1	70	72	N1	78	75
E1	74	65	O1	86	80
F1	93	100	P1	90	88
G1	75	80	Q1	76	95
H1	68	63	R1	81	88
I1	77	64	S1	83	74
J1	72	77	T1	90	80

---

[15] 図では，縦軸を英語点数，横軸を数学点数とし，各人のそれぞれの科目の点数をもとにプロットした結果となっている．

3.3 データの相関と因果関係

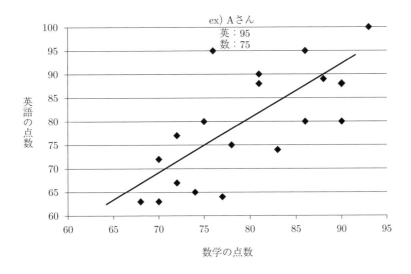

図 **3.2** 数学と英語の相関関係

関係と呼ぶ．(c) は，(a) や (b) のような特徴が見られないので，相関なし（無相関）と言える．ここで説明した3つの関係がどの程度成り立っているのかを数値で示したものが相関係数 (r) である．相関係数 r は，-1 から 1 の範囲の値を取る．(a) に示す直線上に全ての点が乗った場合は，$r = 1$ に，(b) に示す直線上に全ての点が乗った場合は，$r = -1$ に，(c) のように全くばらばらの場合は，$r = 0$ となる．算出方法に関しては，参考文献 [2] などを参照されたい．ただし，相関関係は，(a) や (b) で見たように，直線的な関係の特徴を見い出すのが目的なので，例えば，(d) のような場合は，何らかの関係が2つのデータ間にあるにも関わらず，相関係数を計算すると0になり，無相関と判断することに注意を要する．

　このように相関関係を見る散布図は，データ分析にとっては，とても強力な手法であるが，1つ注意しておかなければならない点がある．それは，2つのデータ間の関係は疑似相関である可能性もあるということである．すなわち，AとBの2つの要因に相関係数が非常に高い結果が得られたとして，何か別の要因

3章 データをどのように加工するか

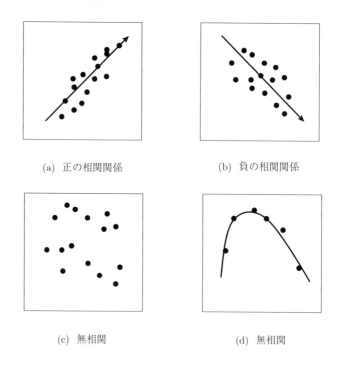

図 3.3 散布図と相関係数

X が原因で，A と B の両方が変化し，A と B の間に相関が見られるかもしれないということである．例えば，上記の例で言えば，数学の点数が高ければ英語も点数が高いのかということである．2 つの科目ができるのは，その背景に別の要因があって（例えば，裕福な家庭は塾で数学や英語の勉強を補強していたりするなど），それが結果的に 2 つの要因に影響を及ぼしている場合があるので，吟味することが重要である．

(2) 因果関係とは

相関関係は 2 つの要因間に何らかの関係を見い出した時であるが，因果関係は 1 つの要因が決まれば（説明変数と呼ぶ），他の要因（被説明変数と呼ぶ）もそれに伴って決まるという関係である．通常，回帰分析（直線回帰や 2 次曲線

3.3 データの相関と因果関係

回帰など）により，プロットした複数の点から見い出される関数を求めて，それに適当な説明変数を代入した時に被説明変数の値を算出することができる．例えば，ある企業における過去数年分の利益と主力商品の販売数の関係を考えた時，販売数が利益を左右する大きな要因であることがわかっているとする．その時，どのくらい販売すれば，利益がどのくらいになるのかといった予想を立てる際に利用する．相関関係であるからといって，因果関係があるかどうかはわからないので，これも結論をまとめる際に，注意を要する事項である．前述の数学と英語の点数の例で言うと，数学の点数（説明変数）が決まるとそれに応じて英語の点数（被説明変数）が決まることになる．これは直感的に考えてもおかしいことはわかると思う．ただ1つの要因と1つ以上の他の要因の間に相関関係があることに注目するニュースなどの報道は，そこに因果関係があると暗黙のうちに述べていることが多いので，その際には本当かどうか疑ってみる必要がある．

◆ コラム ◆
課題の設定の仕方

　3 章から 5 章にかけて，PBL として扱う課題をいくつか挙げているが，これらの課題は技術の進歩や行動様式の多様化・変化などに伴い，常に見直していく必要がある．適当に課題を作成していくのも 1 つの方法であるが，各章における課題作成のヒントを記しておく．

　まず 3 章では，技術的にこれから発展していくと想定されるものを対象としており（例えば 2017 年時点では IoT やウェアラブル端末など），まだ皆さんがあまり体験していない，もしくは未経験の事柄について，どのように扱っていったらよいかということに慣れてもらうことを意図している．すなわち，まずその物事が何かについて調査し，学識経験者などの意見を参考に仮説を構築し，その仮説に沿った流れで実行した時の問題点を明確にしていく，といった一連の考え方を身につけるということである．この演習を通して，対象となる物事の特徴を様々な角度から把握し，過去に類似の物事はあるか，その特徴から，今後の挙動を類推するといった視点を養ってもらいたい．

　4 章では，多くの人にとって身近な事柄がいくつか組み合わさり新しい物事を成している場合に，どのように扱うかに慣れてもらうことを意図している．それぞれの事柄の調査は 3 章と同様に行う．これまでの様々な情報や利用経験などを参考に，そういった物事が組み合わさった際の事柄に対する問題点を明確にしていくという流れになる．この演習を通して，物事が組み合わさる際に起こる創発性についてひも解いて分析検討が進められるような洞察力を養ってもらいたい．

　5 章では，多くの人にとって身近に経験していることに対して，どのように扱うかに慣れてもらうことを意図している．すなわち，自身の利用経験や多くの人の意見をまとめ，分析することにより，問題点を明確にしていくという流れである．

　この演習を通して，仮説の妥当性を自分なりに評価できるといったスキルを養ってもらいたい．

3.4 課題 1 (3.1〜3.3 を利用した社会的問題設定)

本節では，これまで述べたことを参考にしながらグループで討論する PBL の課題設定や手順を述べる．課題については，特に ICT 技術の進展により，陳腐化する可能性は大きいと考えられるので，後述する他の課題などを参考にしながら，適宜更新していく必要がある．

(1) 課題

以下のシナリオに対して，各自調査を行い，様々な観点から何が課題となりうるのか，またどういった解決策が考えられるかを，グループで議論しまとめなさい．「日本における電子書籍市場は，2003 年に約 18 億円であったのが，2013 年には約 900 億円という急激な上昇がみられる．しかし，電子書籍市場は，アメリカでは書籍市場全体の約 20%を占めるにも関わらず，日本では 8%と低い」

(2) 課題を進めるに際してのヒント

- まず，電子書籍とはどのようなものか (料金や書籍内容を含めたサービスの特徴，閲覧する端末の特徴など)，通常の書籍との相違点は何か，電子書籍の市場としての数年間の動向はどうか，海外ではどの程度普及しているのか，日本とアメリカの生活習慣や文化の違いは何かといったように，思いつくことを列挙し，様々な観点を調べ，特徴を抽出する．
- 電子書籍 (あるいはその市場) をどういった観点で捉えるか (例えば，通常の書籍との違い，日米市場の違い，どのようなコンテンツに人気があるか，様々な電子書籍リーダー端末の比較，電子書籍に対する規制事項など)，範囲が広いので絞り込む．
- データ群の特徴を把握する本章の手法を用いて (例えば，平均値やそのばらつき，2 つのデータ間の相関関係など) 分析検討も絞込みの際に参考とする．
  →以上を参考にしながら，シナリオをどう解釈するか，および問題点の抽出を進める．

3章　データをどのように加工するか

(3)　進め方

第1ラウンド：

① グループ内で自己紹介を実施【5分】

② グループ内で，司会と書記を決める【1分】

③ 与えられた情報を参考に，上記シナリオはどういう意味かの解釈をグループ内で話し合う．その際にネットで調査するなど工夫する．課題の進め方と到達点について，段階を追って進めるのが望ましい．その参考となる計画を以下に示す．

- 与えられたシナリオの意味を吟味し，電子書籍に関する基本的な知識に関して，不明な項目を抽出する【20分】
- 課題を進めるための講師からのコメント【5分】
- 不明な基本知識を各自分担して調べ，情報を共有する【20分】
- 課題を進めるための講師からのコメント【5分】
- 電子書籍の踏み込んだ状況について，どのような情報が必要かを話し合う【15分】

④ 次週までに各自調査する項目の分担を決める（どのような情報を収集し，グラフ化するかなど）【10分】

第2ラウンド：

① グループ内で，司会と書記を決める【1分】

② 各自の調査結果をグループ内で紹介しあい，横断的に見て，気がついた点を，白板にリストアップし，課題を絞り込み，解決策を立てる．その際に，進め方と到達点について，段階を追って進めるのが望ましい．その参考となる計画を以下に示す．

- 各自で調査した項目を紹介しあい，白板を利用して情報を共有する【15分】
- 課題を進めるための講師からのコメント【5分】
- シナリオをグループで議論した結果から問題点を抽出する【20分】
（現状の問題点なのか，将来発生しそうな問題点なのか，サービス自体の問題点なのか，市場全体の問題点なのかなどの位置づけを明確に

3.4 課題1（3.1～3.3を利用した社会的問題設定）

する）
- 課題を進めるための講師からのコメント【5分】
③ 今後の課題をまとめ，さらに解決策をグループ内で話し合う
- 今後の課題をまとめ，解決策を抽出する【25分】

第3ラウンド：
① グループ内での議論内容を，以下の項目に従って，パワーポイントで作成する．【25分】
- タイトルとメンバー氏名
- 進め方（シナリオをどう解釈したか，何が問題点だとして進めたかなどの全体の検討の流れを示す）
- 調査項目（代表的なものだけでよい）
- 考察結果
- 課題と解決策
 （発表時間は，グループ当たり10分なので，10～10数枚のスライドが目安）
② スライド作成を進めるための講師からのコメント【5分】
③ 発表者を決める（複数人で分担してもよい）
④ スライド作成を続ける【30分】
⑤ 発表に関する講師からのコメント【5分】
⑥ 想定質問を考え，それに対する応答を準備する【10分】

第4ラウンド：
① 決められた時間で発表を行う（1グループ発表10分）．
② 発表後は，質疑応答の時間を設ける．発表グループ以外の人達は，必ず1回は質問すること（どんなささいなことでも良い．聞いている中で，"あれっ"と思いついたことが本質だったりする）．
③ 表3.5に示す自己評価シートを作成する【10分】
④ 自己評価シートとグループごとの講評を踏まえ，振り返りを実施する．

3 章　データをどのように加工するか

表 3.5　自己評価シート

課題設定について	・何を問題として捉えたか.	
	・何を結論として捉えたか.	
グループ内 コミュニケーション について	・グループ内で自分は 　どういう役割をしたか.	
計画達成度 について	・自らの計画をどの程度 　達成できたか.	
プレゼンス について	・スライド作成や口頭 　発表・質疑応答の反省点.	
データ分析の工夫 について	・どのようなデータを, 　どのように分析したか.	

(4)　ルーブリック評価とフィードバック

ルーブリック評価については, 様々な手法が世界各国で検討されているが, 大学におけるルーブリックの適用という意味では, 参考文献 [4] が参考になる. ルーブリック評価とは, 学習到達度を示す評価基準を, パフォーマンス課題を, 評価する複数の観点と, その特徴を例示する評価基準, 評定段階を表す尺度により定義する考え方である. 3 章から 5 章に掲載している課題は, PBL を目的としたものであるが, その評価においては, 学生自身の今後のスキル向上のため, 必ず学生へのフィードバックが欠かせない. そのため, 本書を通して, 学習到達状況を評価する項目としては, 以下を考えていくことにする.

1) 課題設定スキル
2) コミュニケーションスキル
3) 計画および進捗管理スキル
4) プレゼンスキル
5) データ分析の考え方の理解
6) 常識的な知識・考え方

各々の評価項目に対するルーブリック評価表を表 3.6 に示す. 理想的には, 発表後に, 教員は一人一人に対してフィードバックを行うことが望ましい. そうすることによって, 学生各人が, 客観的に見て, どの段階に達しているかを認

3.4 課題 1（3.1〜3.3 を利用した社会的問題設定）

表 3.6 ルーブリック評価表

	S	A	B	C
課題設定スキル	自ら何が課題かを見つけることができ，適切な目標を立てることができる．	自ら何が課題かを見つけることができ，指導のもとに目標を立てることができる．	指導のもとに，何が課題かを見つけ，目標を立てることができる．	課題抽出と目標作成の経験を積む必要がある．
コミュニケーションスキル	グループメンバーと協調し，問題提起やアイデア提案など積極的に行い，課題推進に当たることができる．	グループメンバーと協調し，課題推進に当たることができる．	グループメンバーと円滑なコミュニケーションをとることができる．	日常のコミュニケーションに関する経験を積む必要がある．
計画および進捗管理スキル	目標を達成するため，自ら適切な計画と進捗管理を行うことができる．	目標を達成するため，自ら計画を立て，進捗管理を指導のもとに行うことができる．	目標を達成するため，計画や進捗管理を指導のもとに行うことができる．	計画作成や進捗管理の方法に関する経験を積む必要がある．
プレゼンスキル	スライド作成や口頭発表・質疑応答を自ら適切に行うことができる．	指導のもとにスライド作成を行い，自ら口頭発表・質疑応答を行うことができる．	スライド作成や口頭発表・質疑応答を指導のもとに行うことができる．	スライド作成，口頭発表，質疑応答に関する経験を積む必要がある．
データ分析の考え方の理解	データを，適切な分析手法を駆使して，自ら分析することができる．	データを指導のもとに適切な分析手法を駆使して，分析することができる．	指導のもとにデータ分析から考察までを行うことができる．	データ分析に関する経験を積む必要がある．
常識的な知識・考え方	課題推進に際して，適切な知識や考え方を持っている．	課題推進に際して，範囲内におさまる知識や考え方を持っている．	課題推進に際して，常識的な知識や考え方が少し不足している．	かなり不足しているため，勉強が必要．

63

3章　データをどのように加工するか

識することができる．ここでは，学生にとって有用となるスキルを目標にルーブリック評価表を作成したが，この考え方は，大学だけではなく，企業研修においても参考となるものである．企業の場合は，学生の場合に用いた尺度のレベルが異なる場合と，新たな尺度として，協調性や貢献度などの観点が考慮されるが，このルーブリック評価を応用して，その企業の状況に応じて，柔軟に運用できると考えられる．

　他の課題（抽出する課題の特徴として，技術的にはこれから発展していくものが対象であり，我々はまだあまり体験していない，もしくは未経験の事柄をどう扱うかを意図している）をいくつか示すので，これらもぜひ取り組んでもらいたい．

・他の課題1
　「近年，スマートウォッチをはじめ，スポーツシューズや下着などに装備されたセンサーにより，人間の様々なデータを収集し活用するウェアラブル端末の利用が実験段階から実用化段階に入ってきている」

・他の課題2
　「我が国の鉄道技術は，安全性・保守性の面で大変優れている．そのため，国内市場だけでなく，海外市場への売込みが盛んになってきているのが現状である．これまで車両製造メーカが中心になっていた海外市場展開が，JR等の鉄道運営会社が主体となる場合が増えてきている」

・他の課題3
　「2016年より，我が国でも電力自由化が始まり，各家庭で電話等の通信サービスの時と同様に，自分のライフスタイルにあった電力会社を選べる時代になったと言われている」

第3章 参考文献

[1] 平井明夫，岡安裕一著.『データ分析の基本と業務』. 翔泳社.（2013 年）

[2] 大澤光著.『社会システム工学の考え方』. オーム社.（2007 年）

[3] 松原望，松本渉著.『Excel ではじめる社会調査データ分析』. 丸善出版.（2011 年）

[4] ダネル・スティーブンス，アントニア・レビ著.『大学教員のためのルーブリック評価入門』. 玉川大学出版部.（2014 年）

4章

仮説構築時に注意することは何か

　自分自身で設定した問題に対して，解決の糸口を見つけるため，仮説を構築することは重要である．しかし，この自分で構築する仮説は，正しいかどうかはより深く検討しないとわからない．本節では，仮説構築時に注意すべき点について解説する．

■ 4.1　抜け落ちている数字に気をつける

　社会問題や社会政策をめぐる論争の中に，数字が欠けているものがある．その理由は，ある争点をめぐる議論を強力な実例が圧倒することがあるというものである．衝撃的なできごとが発生すると（先にも述べたように，影響の大きなできごとは頻度が低い！），これはあたかも最近の傾向として関連するできごとが多発していると一般人に思われるようにメディアが発信する時に生じる．例えば，いじめについて取り上げる．図 4.1 に示す文科省の統計データを見てほしい．この図からは平成 6 年と平成 18 年にいじめが急激に増えているようにみえる．なぜこの 2 年だけ特別なのだろうか．平成 6 年は愛知県でのいじめが大々的にニュース報道された．また，平成 18 年は文部科学省により「いじめ」の新たな定義がなされた．これは，何件かいじめによる悲惨な事件が発生すると，メディアの報道などで注目されることから，学校側も注意深く調査するようになることが関係している．しかし，いじめは，これまでも今後もそれほど件数としては変わらないという事実を認識しておくべきである．「いじめ」は対応する人により解釈が異なる可能性が大きいため，いじめ件数は，グラフの通り，本当に減少傾向にあるのかどうかは吟味が必要である．注意喚起するのはよいことだが，事実をはっきりと把握した上での意見でないと，いたずら

4章 仮説構築時に注意することは何か

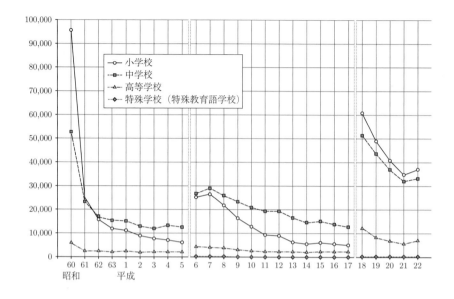

図 4.1 いじめ件数の推移
(出典：http://stopijime.jp/data/，文科省統計データ)

に不安をかきたてるだけになってしまうので，注意を要する．

　2番目に，計算が不可能なため，あるいは数えるのがとても大変なものの場合も，気をつけなければいけない．例えば，たばこを吸う人（喫煙者）は，肺がんで死亡する確率が高いという話を聞くことはほとんどの人が経験していると思う．実際どうだろうか．自分の身近な人で，ヘビースモーカーの人や肺がんにかかった人がいれば，少し考えてみてほしい．当たっていると感じる人もいれば，そうではないと感じる人もいるだろう．この喫煙者の肺がん死亡率が高いという仮説も，そうだと主張する人と関係は無いと主張する人との間で論争が続いている．これは，喫煙者の統計データ，肺がんにかかった人数，肺がんで死亡した人数は，おのおの個別に統計がとられているが，喫煙者の中で肺がんが原因で死亡した人の統計データが無いからである（図 4.2）．実は，対象者を数えるのも大変なのである．例えば，喫煙者とは一日当たり何本吸う人のことを指すのか，これは喫煙者の定義を明確にすることに通じる．また，肺がんで死

4.1 抜け落ちている数字に気をつける

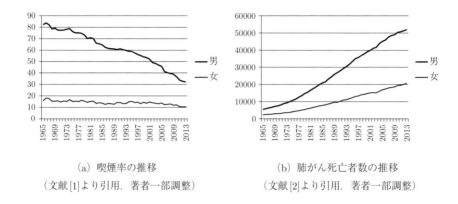

(a) 喫煙率の推移
（文献[1]より引用．著者一部調整）

(b) 肺がん死亡者数の推移
（文献[2]より引用．著者一部調整）

図 4.2 喫煙者や肺がんに関するデータ

亡した場合，他の病気のために肺がんを併発した死亡例ではないかなど，死亡の主原因が何かをきちんと明確にしなければ，統計が困難な場合などである．

3番目に，数えられることがないために，実際の感覚と合わない場合も気をつけなければいけない．例えば，皆さんは，農家とはいったいどのような人達を指すと思うだろうか．まさに，農家の定義を明確にすることであるが，農水省の報告では，農家がここ数十年，減少の一途をたどっており，近年はその減り方が加速されているというものである．農水省が言う"農業人口"は，一体何を指しているか，メディアはその意味をきちんと理解して，報道をしているのか，考えてみたことはあるだろうか．「農業人口」は，正確には「農業就業人口」のことであり，自営農業のみに従事した者または自営農業以外の仕事に従事していても年間労働日数で見て自営農業が多い者のことである．この対象には，家事・子育て中の主婦（主夫）や学生，無職，求職中，休職の世帯員全員が含まれる．他の仕事が無くても，家業の農業は数日でも手伝う人達が，農業就業人口の一部となって統計データとして表れる（図4.3）．これらの人々は，進学，結婚，就職による転居等で毎年減るのは，当然である．また，農家は定年が無いので高齢者の農家も存在するわけだが，当然65歳以上の農業就業人口も

4章 仮説構築時に注意することは何か

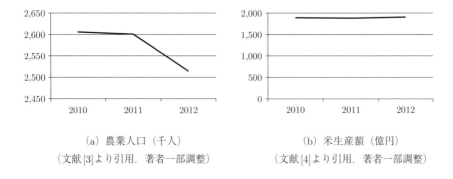

(a) 農業人口（千人）
（文献[3]より引用．著者一部調整）

(b) 米生産額（億円）
（文献[4]より引用．著者一部調整）

図 4.3 農業人口と米生産額の推移

減っている．一方，最近若い人達を中心に少しずつ増えている主業農家[16]や農業法人[17]は，農業就業人口に含まれていない．したがって，農業生産人口が減少するのではなく，農業引退人口の自然増の方が大きいことが就業人口の減少の原因なのである．では生産量が減るか，というとそうでないことに注意する必要がある．これは，就業人口が減る中で，米の生産額はほぼ横ばいであることからもわかる（図 4.3）．データをどのように見ていくかに関しては，参考文献 [5] に詳しく出ているが，とかく素人はメディアの情報を信用しがちになるが，その辺を注意する必要がある．

4番目に，迷信のような伝説的な数字の場合も気をつけなければいけない．例えば，"「朝食抜き」は心臓発作で死亡する確率が 27％ も高い "という記事が，過去にあった．16 年にわたる調査の結果と記事の中でうたっているが，明確な証拠はまだ立証されていないことも明記している．これは，朝食は大事だとアピールしたいというのが目的となっているためピックアップされたニュースである．我が国だけでなく世界的にも高齢化している状況においては，健康産業は今後ますます盛んになるため，こういったニュースは多くの人たちの目にとまると思われる．例えば，サプリメントなどは，毎日摂取することで，罹患率

---

[16] 農業所得が主（農家所得の 50％以上が農業所得）で，1 年間に 60 日以上自営農業に従事している 65 歳未満の世帯員がいる農家．
[17] 法人形態（会社法人や農事組合法人など）によって農業を営む法人の総称．

4.1 抜け落ちている数字に気をつける

を抑えるなどの宣伝がある．これらの宣伝が本当かどうかを見極める必要があ
ると言える．

◆ コラム ◆
電子タバコ

　近年，タバコは相次ぐ値上げと禁煙場所の増加により，喫煙者は肩身の狭い思いをしているのではないかと思う．これには，嫌煙派が年々多数を占めていることから，その影響力が増していると言える．そういった背景に拍車をかけるように，2016年8月に厚生労働省の有識者検討会は，がんなどの22種類の病気の発症や死亡の要因として喫煙が確実との判定結果をまとめたり，国立がん研究センターによる研究結果では，受動喫煙による肺がんのリスクが確実とされたりしている事実から，否が応でもタバコ禁止の方向に進まざるをえないと言える．

一言で喫煙者といっても，実はその半数以上はやめたいと思っているという事実はあまり知られていない．このことから，いかに禁煙という行為が難しいかがわかると思う．また，この禁煙希望者のほとんどの人が，自分や家族の健康への不安から禁煙をしたいと思っているのが現状である．

　そもそもタバコはタールというニコチン以外の有害物質を含んでおり，これが発がん性物質であることから問題視されているのである．したがって，タールを除いたタバコを製造すればよいということで，リキッドと呼ばれる香りつきの液体を熱して出てきた水蒸気を吸入する電子タバコが発売された．タールは無いし，水蒸気なので，非喫煙者への受動喫煙（副流煙）による被害は無くすことができる．反面，リキッドが無害なものなのか（他の新しい害があるのではないか）や，そもそもタバコを吸っている感じがしない（ニコチンも含まれていないため）など，効果はほとんど期待できないという状況であった．

　それに代わり，近年販売されてきているのが，ヒートスティック型のタバコである．これは，電子タバコでリキッドを使用していたのと異なり，通常のタバコと同様にタバコ葉を使用する．ただ，通常のタバコと違う点は，火で燃やすのではなく，加熱するという方法をとるものである．これにより，ニコチンは含んでいるためタバコを吸っている感じがする一方で，有害物質を大幅にカットでき，加熱することで煙ではなく水蒸気が出ることから副流煙の被害も無くすことができるメリットがある．価格面や利便性などに関してはまだまだ改善の余地があるが，果たしてこのヒートスティック型のタバコが普及していくかどうか，様々な要因を分析して，皆さんも検討してはいかがでしょう．

4.2　偏った立場の意見に気をつける

■ 4.2　偏った立場の意見に気をつける

　日本では高速道路を含む有料道路が整備されつつあるが，有料道路の中には，ほとんど使われず採算が合わない道路がいくつかある．表 4.1 に示す通り，2カ所の有料道路の例を見てみる．国の予算をかけて工事を実施したのだが，その償還状況を見てほしい．道路を利用する交通量を試算して，それをもとに予算や建設費用を算出するわけであるが，償還率[18]は，いったいいつになったらプラスに転じるのだろうか，場合によっては永久に無理とさえ思える．いったいどういう見積りをしたのだろうか．答えは簡単で，こういった事柄は工事に関わる当事者が試算しているので，建設後に，道路が整備されれば便利になるという希望的仮定のもとに計画交通量をはじくと，利用率が増加するという

表 **4.1**　有料道路事業の採算の悪化
出典：第一回有料道路政策研究会資料：
(http://www.mlit.go.jp/road/singi/sgtrp1/index.html)

　(a)　八木山バイパスの償還状況

実績交通量（台／日）	計画交通量（台／日）	達成率	償還率
9,209	22,304	41.3%	−89%
区間：福岡県粕屋郡篠栗町〜嘉穂郡穂波町			
延長：13.3 km			
事業費：282 億円			
料金：520 円			

　(b)　日光宇都宮道路の償還状況

実績交通量（台／日）	計画交通量（台／日）	達成率	償還率
18,150	44,031	41.2%	−165%
区間：宇都宮市徳次郎町〜日光市清滝桜ヶ丘			
延長：30.7 km			
事業費：377 億円			
料金：920 円			

---

[18] 償還対象額に対する償還原資（償還準備金と損失補填引当金との合計額）の比率．また，償還準備金とは，営業中の道路から生じる毎事業年度の収支差を積み立てたもの．これがマイナスだと償還が進まず，借金がかさむという状態であることを意味する．

4 章　仮説構築時に注意することは何か

理屈である．でも本当に利用率が増加するかは，よく分析しなければならない．
現状を分析して，試算通りの状況にならなければ，どこに課題があるかといっ
た検討がなされなければならない．果たしてこの課題に関しては，その後どう
なっているのであろうか．特に国や地方の自治体においては，生活基盤となる
インフラ整備を進める立場上，細かな状況を分析するのが困難なため，こういっ
た事象が起こりやすい．検討当初は，誰にも将来のことはわからないため，あ
る程度希望的観測のもとに意見をまとめあげ，あたかもそれが，バイブルのよ
うに一人歩きするような場合は，特に気をつけなければいけない．

　別の例として，東京五輪の競技場建設が挙げられる．オリンピックの東京誘
致に向けて，斬新なデザインかつ低コストで開催ができると宣伝していた．し
かし，その後の資材価格の高騰や建物の構造的な問題などの状況の変化から，新
国立競技場の建設には，当初の提案に示した見積額の倍以上の予算がかかるこ
とになったとわかり，世間の批判を浴びた．50 年前の競技場をそのままは活用
できないにしても，なぜ新たに競技場を建築しなければいけないのか，改築す
ることで対応できなかったのか，また奇抜なデザインの競技場は，設計段階で，
なぜ難しい構造だということを誰も指摘できなかったのか，五輪後の運用にか
かる費用を回収できる収入源を楽観視していなかったかなど，幅広く識者の意
見を聞いて検討すれば，このような問題勃発はある程度防げたのではないかと
思う．これが世間的な問題となったのは，東京五輪に関与している人達だけで
検討していいため，まさに希望的観測の試算になっている例と言える（2015
年 8〜9 月に，まさにそれが問題となり，検討がスタート時点に戻った．これは
日本にも自浄作用があるのだということを認識し，まだまだ日本も捨てたもの
ではないと感心した）．

　伝染病は人から人へうつる時，病原体は患者の体外から次の人へ移動しなく
てはならない．この病原体の観点から，参考文献 [6] に，SARS（重症急性呼吸
器症候群）が流行した時に，世界で 8000 人の罹患者があった中で，なぜ日本
人はゼロだったのかをひも解いている．SARS は中国や香港などで発生して，
またたくまに世界中に飛び火していき，日本でも空港や港では水際作戦として，
国内流入を防ぐ対策が取られていた．しかし，感染者が発病する前に日本を訪
れていたり，拡大は免れない状況であった．ところが，結果的に罹患者はいな

かった．これには，日本人の習慣として，挨拶時に握手の代わりにお辞儀をし，家屋では靴をぬぎ，手を洗うというように，他人との肉体的な接触が少ないこと，およびトイレなどの水洗事情によると主張し，解説をしている．2003 年当時は，新たな感染症として，対応がわからなかったため，感染すると約 1 割の人は死亡すると恐れられた．これが，世界の統計データから読み取れる状況であり，それが日本のような地域にどの程度当てはまるかを，その後きちんと説明していかなければいけない．

シミュレーションなどを実施する際には，上記のようなことに気をつけることが重要である．

◆ コラム ◆
圏央道の需要

　圏央道（首都圏中央連絡自動車道）は，都心から 40〜60km の位置に計画され，総延長約 300km の高速道路であり，一部区間を除いて約 90%部分が開通している．この圏央道の茨城区間の境古河 IC からつくば中央 IC 間が，2017 年 2 月に開通し，東名，中央，関越，東北，常磐，東関東の 6 つの高速道路が圏央道で結ばれることになった．これまでは部分的にしか接続していなかったのが，一気に利便性が向上したといってよい．

　これにより，例えば関西方面や東北方面から都心を抜けて反対側の地域に移動するトラックやマイカー等は，渋滞で混雑する都心を通ることなく，快適に移動ができる可能性が高まったと言える．距離的には都心を縦断するよりは遠回りとなるものの，成田空港から秩父・長瀞間の所要時間は，都心経由では 135 分，圏央道経由では 115 分と試算している．都心の渋滞を回避できるということは，それらの自動車が都心に入らないことを意味していることから，都心の渋滞もある程度緩和されることが期待できる．いいことづくめの話である．

　開通した区間は，暫定 2 車線（片側 1 車線）ということである．対向車があるので，夜間などは中央分離帯が無い分，運転しにくい場合もあるだろうし，追い越し車線が無いので場合によっては，時間がかかったなどの不満も今後出るのかもしれない．

　この 2 車線を 4 車線に拡張する基準は 1 日あたり 1 万台を超えることであるということだが，便利だということが皆に知られるところとなれば，当然交通量も急激に増えていくだろう．現に，1 万台を超えている区間も部分的にはあるようである．高速道路の場合は基準を超えてから 2 車線分の拡張工事をしても，1 週間後にできるのではなく，数年の年月が必要である．インフラ設備の工事はそれだけ長い期間がかかるということである．その間に渋滞が発生したり，事故が頻発すると，今度は不便な印象を持たれて利用されなくなってしまうといった負の循環に陥る可能性もある．ことの重大性が明らかになった時点から対策を決めても，それが果たして効果があるかどうかわからないという．

　特にインフラ設備（道路，橋，鉄道，電気，ガス，水道，通信等）のように認識と実行に時間差がある場合には，予測をより精密に検討しなければいけないことがわかる．

4.3 混乱を招く数字やグラフによる錯覚に気をつける

当たり前と思うものでも，何が数に入るか，数えられているものがどう定義され，計測されているか理解するのは大変重要である．3.1 で述べたように，平均値は点数のばらつきが大きくないかぎり尺度として役に立つ．しかし，表 3.3 で述べたように，γ 株式会社の社員の平均年収は，相加平均を計算すると 5495 万円になる．担当の社員らは，4 百数十万から 5 百数十万円の年収であり，全体の平均収入という値は無意味である．そのような場合は，異常値として，ある値を除外することを述べたが，こういった場合はいつも異常値扱いして除外しなければいけないだろうか．ひょっとすると異常値で無いものも結構除外してしまう可能性もある．そこで，異常値として除外する前に，そのグループの代表値を測る方法を 2 つ以下に示す．

1 つは，中央値（メディアン）である．これは n 個あるデータを大きさの順番に並べた時に，真ん中にあるデータを代表値とする考え方である．全体のデータ個数が偶数の場合と奇数の場合があるので，一般的には，以下の式 (4.1) で表現される．

$$
中央値（メディアン）= \begin{cases} 中央の値（n が奇数） \\ 中央の 2 つの値の平均値（n が偶数） \end{cases} \tag{4.1}
$$

表 3.3 の例では，データが 10 個あるので，大きい方から 5 番目と 6 番目の平均値を計算する．すなわち，$\frac{(500+450)}{2} = 475$ 万円となる．この場合は，通常の平均値で考えるよりも，印象として妥当な値が求められたように思えると思う．このように，異常値に相当するような値をデータの中に含んでいる場合は，平均値よりも中央値の方が適切であると言える．

もう 1 つは，最頻値（モード）である．これは n 個あるデータの中で，値が最も多く現れるものを代表値とする考え方である．表 3.3 を用いて，単純に考えれば，10 個のデータ全ての値が異なるので，全てのデータが最頻値となる．このように最頻値の場合は，代表値が 1 個とは限らないので，注意を要する．もし表 3.3 において，B が 1000 万円ではなく，50000 万円ならば，50000 万円のデータが 2 個となり，これが代表値として選ばれるということである．このよ

4章　仮説構築時に注意することは何か

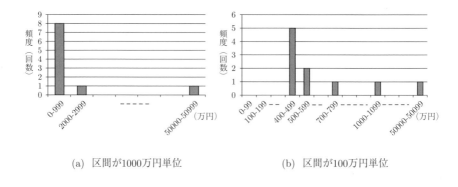

(a) 区間が1000万円単位　　　　　　(b) 区間が100万円単位

図 4.4　*最頻値のグラフ*

うに説明すると，最頻値は平均値や中央値と同様に，妥当な代表値を選べるのだろうかと疑問に思うかもしれない．通常は，データが示す範囲を等間隔に分割し，その区間にいくつのデータが該当するかの頻度を計算し，頻度の最も高いものを選ぶ．例えば，区間を 1000 万円単位で区切ったとすると，図 4.4(a) のように，0〜999 万円の区間に入るデータ個数が 8 個と最も高いことがわかる．そこで，最頻値は，対象となる 8 個のデータの平均値を取る．すなわち，約 494 万円である．一方，この区間をさらに細分化し，100 万円単位で区切ったとすると，図 (b) のように，400〜499 万円の区間に入るデータ個数が 5 個と最も高いことがわかる．最頻値は同様の計算により，448 万円となる．このように最頻値の計算では，区間をどのように設定するかで変わってくるので，利用する時は注意が必要となる．

また，割合を求める状況を考えてみる．表 4.2 は，性別ごとにカップめんが好きか，生めんが好きかを聞いた結果である．(a) が整理したデータであるが，これを (b) のようにまとめ直すと何がわかるであろうか．行ごとに割合を計算したものであるが，カップめんも生めんも，男性の比率が多いという関係しか見えてこない．一方，(c) では列ごとに計算したため，性別ごとのめんの種類の好き嫌いの特徴が明確に現れる．このように，単純な数字の複雑さを理解しておくことが重要である

表やグラフを描く際に生じる錯覚にも気をつける必要がある．図 4.5 を見て

4.3 混乱を招く数字やグラフによる錯覚に気をつける

表 **4.2** 割合による比較

(a) アンケート結果

	男性	女性
カップめんが好き	683 人	73 人
生めんが好き	95 人	38 人

(b) 行で計算した割合

	男性	女性	合計
カップめんが好き	90%(683)	10%(73)	100%(756)
生めんが好き	71%(95)	29%(38)	100%(133)

(c) 列で計算した割合

	男性	女性
カップめんが好き	88% (683)	66% (73)
生めんが好き	12% (95)	34% (38)

ほしい．(a) のグラフは，1〜6 に関する量を単純に棒グラフで表したものである．これを見てどう感じるか，恐らく 1〜6 はそれほど違いが無いと感じるだろう．一方 (b) のグラフは，縦軸のメモリを 1000 以上の部分に限った表示にしている．(a) に比べて，違う部分を拡大表示したイメージがあるので，全体として，1〜6 にはかなりの違いがあるように見える．一方，縦軸を通常のメモリで描いた棒グラフ (c) と対数で描いたグラフ (d) を比較してほしい．(c) のグラフでは，横軸の項目が 1 から増えるに従って，急激に量が減っていくのに対して，(d) では，何らかの規則性を持ったように，直線的に減少していることがわかる．これは，べき乗則として有名であるが（[7]，[8] など），(d) のように描くことにより，量がたくさん集まる項目と 0 ではないがあまり集まらない項目と極端に分かれるという性質を表している．このように，グラフをどう描くかによって，見えてくる事柄が異なってくるので，様々な角度から分析していく必要がある．

　次に図 4.6 に円グラフを示す．ある事柄を対象に，年代別に集計した結果である．円グラフは，その面積によって，どの項目がどの程度の割合を占めているかを把握するのに有効である．(a) は年齢別に並べた描画であり，(b) は割合の

79

4 章　仮説構築時に注意することは何か

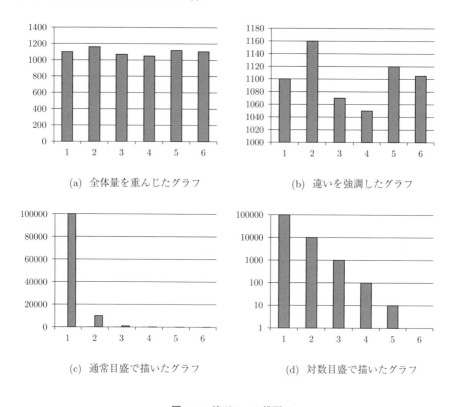

図 4.5　棒グラフの描画

多い順に並べた描画である．個人の受け止め方の違いもあると思うが，(a) は，年代別の特徴がよく把握できるグラフであり，(b) はどの年代と年代が割合の多くを占めるのかといった特徴を把握できるグラフである．

折れ線グラフでも，同じような錯覚が見えるので，注意する必要がある（図 4.7）．(a) は 1980 年～2010 年までの 30 年間のデータの推移を描いたものである．30 年間の推移（増減の様子）がよくわかる．一方 (b) は 2005 年～2010 年までの 5 年間の推移であるが，この間にはあまり変化が無いことがわかる．例えば，対象が株の売買を意思決定する事項だとすると，最近 5 年間だけを見ていると，あまり変化が無いので，株を購入するという意思決定をしそうになる

4.3 混乱を招く数字やグラフによる錯覚に気をつける

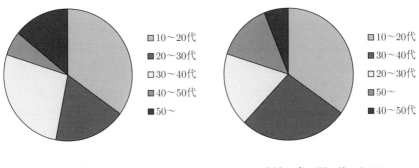

(a) 年齢別に並べたグラフ   (b) 割合の多い順に並べたグラフ

図 **4.6** 円グラフの描画

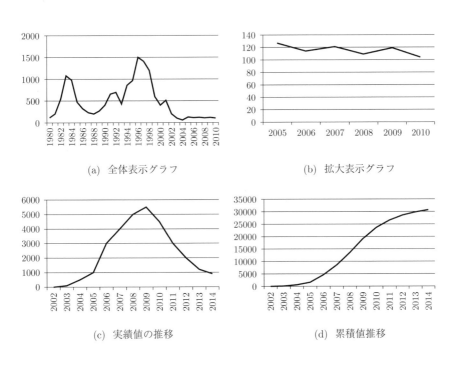

(a) 全体表示グラフ   (b) 拡大表示グラフ

(c) 実績値の推移   (d) 累積値推移

図 **4.7** 折れ線グラフの描画

4章　仮説構築時に注意することは何か

が，30年間の推移をみると，増減は結構激しいことから，タイミングを見よう
という判断になる．このように観測期間をどの程度で分析するかも重要なポイ
ントである．また，(c)には毎年のあるサービスの契約者数の推移をプロットし
たグラフである．これを見ると，ある年までは契約者数は増加しているが，そ
れ以降は減少している．毎年の契約者数の変化を把握することができる．一方
(d)は，契約者数の累積を描いているので，毎年どんどん増加しているのがわ
かる．例えば，このサービスを提供する企業の経営会議などの場で，(d)のグ
ラフをもとに議論すると，増加傾向にあるので，問題が無いように見えてしま
う．しかし，(c)を見ると，明らかに契約者数が年々減っており，何か対策を打
たなければならないことがわかる．

　以上のように，グラフを描画する時は，様々な角度から分析していくという
ことに気をつけることが大切である．

　4.1から4.3までの留意点を丁寧に解説した書籍として参考文献 [9] がある．
具体例を交えてわかりやすくまとめられているので，ぜひ読むことをお薦めする．

4.4 検定について

ここで，仮説を構築する際によく利用する「検定」について説明する．大変有効な考え方となるので，理解しておくと便利である．例えば，次のような状況を考える．

例題：A さんは 40 歳になり，そろそろ体形が気になりだした．そこで毎日体重を測っていると，平均がほぼ 80 kg であることがわかった．同年代の標準体重よりはかなり多いので，ダイエット効果のある薬 α を服用し，標準体重に近づけるよう努力した．半年後に体重を測ったところ，平均が 77 kg になった．はたして，「薬 α は効果があった」と言えるだろうか？

検定とは，与えられた問題に対して，2 つの対立する仮説を立てて，統計的に検証する手法である．その際に立てる 2 つの仮説には，帰無仮説と対立仮説がある．例題を用いてこの 2 つを説明する．まず，薬 α を服用した後の体重の平均を "x" とする．薬 α により，これまでの体重 80 kg よりも減ったことを検証したいので，「$x < 80$」が 1 つの仮説（対立仮説）となる．

● 対立仮説 (H_1)：何か違いがあることを検証するための仮説 ($H_1 : x < 80$)

　　一方，薬 α に効果が無いという仮説は，平均体重は従来通りということなので，「$x = 80$」という仮説（帰無仮説）になる．

● 帰無仮説 (H_0)：従来と違いはない，対立仮説が成立してほしくない仮説 ($H_0 : x = 80$)

ここで，両側検定と片側検定について説明する．一般に，対立仮説が「$H_1 : x \neq x_0$」になる場合を両側検定，「$H_1 : x > x_0$」もしくは「$H_1 : x < x_0$」になる場合を片側検定という．薬 α はダイエット効果があるとうたわれているものであることから，従来の平均体重から減ったかどうかで判断する．従来の平均体重を x_0 として，帰無仮説と対立仮説はそれぞれ，($H_0 : x = x_0$)，($H_1 : x < x_0$) となり，片側検定が必要となる．

次に，どちらの仮説を採択するかを説明する前に，用語として，検定統計量

4章 仮説構築時に注意することは何か

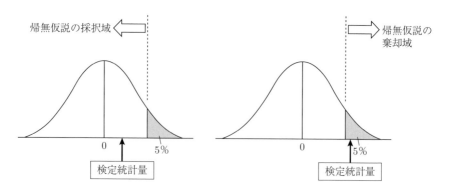

(a) 検定統計量が確率分布の中央付近　(b) 検定統計量が確率分布の端

図 4.8　帰無仮説の採択域（片側検定）

と有意水準について説明する．まず，検定統計量とは，検定を対象とする統計量のことで，例題で言えば，従来の平均が変化したかどうかを検定する場合は，標本平均をもとに計算する．このように標本から計算されるので，検定統計量は確率変数になる（母集団の中からの標本の採り方により標本平均の値は変わるため）．次に有意水準について説明する．有意水準とは，検定統計量を確率分布に対応させた時に，確率分布の端に位置したかどうかを明確に判断する方法である．確率分布の端からの確率（面積）を利用するのが一般的である．

以上より，各仮説の採択の有無は以下のとおりにまとめることができる．

(1) 検定統計量が確率分布の中央付近の場合（図 4.8(a)）
　・薬 α を服用したことによりなんら影響がないということが，十分起こりうることだと判断し，帰無仮説は捨てないことに対応する．すなわち，平均が変化したかどうかを見ると，変化していないと判断することである．

(2) 検定統計量が確率分布の端になった場合（図 4.8(b)）
　・薬 α を服用したことによりなんらかの影響がないということが，ほとんど言えないと判断し，帰無仮説を棄却することに対応する．すなわち，平均が変

4.4 検定について

化していないとは言えないと判断することである．これは，帰無仮説を棄却したからといって，それがただちに対立仮説を採択するということではないということに気をつけなければいけない．

　以上，帰無仮説を採択するか棄却するかを判断するために，有意水準が必要となる．図 4.8 では，有意水準 5%[19] で片側検定する場合の帰無仮説の棄却域と採択域を示す．

　この考え方を適用しようと思った場合，データセットを持ってきたら，その検定統計量と確率分布が決まれば（あるいは決めれば），帰無仮説を棄却するか採択するかを判断できるわけである．その検定統計量の求め方を次に説明する．

　今，標本数が十分に多く母分散が既知の場合の母平均 (μ) の検定を考える．すなわち，$\mu = \mu_0$ かどうかを検定する．仮定した母平均 μ_0，既知の母分散 σ^2 の母集団から n 個の標本を抽出すると，中心極限定理[20] により，その標本平均 X は平均 μ_0，分散 $\frac{\delta^2}{n}$ の正規分布に従うことがわかっている．その時に，次の Z を検定統計量として検定を行う．

$$Z = \frac{(X - \mu_0)}{\left(\frac{\sigma}{\sqrt{n}}\right)} ： ここで Z は，平均 0，分散 1 の標準正規分布に従う$$

・母平均が変化したかどうかを検定する場合（両側検定）

　対立仮説「母平均 μ が μ_0 と異なる」を検定する場合は，検定統計量 Z が標準正規分布の両端のどちらかに位置した場合，その標本平均は母平均とは大きく異なると考えられる．この場合は，帰無仮説を棄却する．一方，Z が標準正規分布の中央付近に位置すれば，帰無仮説を採択する．

・母平均が大きくなったかどうかを検定する場合（片側検定）

　対立仮説「母平均 μ は μ_0 より大きい」を検定する場合は，母平均 μ が μ_0 より大きければ，その母集団から抽出した標本の標本平均 X も，μ_0 よりも大きな

---

[19] 通常 5%や 1%が使われる．当然値が小さくなるほど，帰無仮説の棄却域は小さくなるので，帰無仮説を採択する方向になる．

[20] 母集団の平均と分散が与えられている時，その中の n 個の標本を抽出する試行を繰り返した時，標本平均の分布は，n の値を十分大きくとると，母集団の分布に関係なく正規分布に近づくという定理である．

4 章　仮説構築時に注意することは何か

値になる確率が高い．検定統計量 Z を計算で，分子の $X - \mu_0$ がプラスの値になり，Z もプラスとなる．この差が大きいほど Z も大きな値になる．そこで，Z が標準正規分布の右端の値を取れば，帰無仮説を棄却（母平均は μ_0 に等しいとは言えないと判断）する．

次に，一般に母分散だけ既知であることは少ないので，母分散が未知で母集団が正規分布の場合の母平均の検定を考える．母集団から n 個の標本を抽出し，標本平均 X，標本分散が s_2 になったとする．その際に，t 分布 [21] を利用し，Z を検定統計量として検定を行う．

$Z = \dfrac{X - \mu_0}{\frac{s}{\sqrt{n}}}$：ここで，$Z$ は t 分布に従う

・母平均が変化したかどうかを検定する場合（両側検定）

対立仮説「母平均 μ が μ_0 と異なる」を検定する場合は，検定統計量 Z が自由度 $n - 1$ の t 分布の両側 $100\alpha\%$ 点の外にある場合は，帰無仮説を棄却（母平均が変化していないとは言えない）する．一方，$100\alpha\%$ 点の内にある場合は，帰無仮説を採択（母平均は変化したとは言えない）する．

・母平均が大きくなったかどうかを検定する場合（片側検定）

対立仮説「母平均 μ は μ_0 より大きい」を検定する場合は，検定統計量 Z が自由度 $n - 1$ の t 分布の上側 $100\alpha\%$ 点の外にある場合は，帰無仮説を棄却（母平均が大きくなっているとは言えない）する．一方，$100\alpha\%$ 点の内にある場合は，帰無仮説を採択（母平均が大きくなったとは言えない）する．

実際に計算して仮説を棄却していく際に，検定統計量の値によって容易に棄却判断ができる場合と，できない場合がある．それを判断するのに，有意確率という考えを利用する．例えば，母分散が既知で，母平均の検定を行う場合に，検定統計量 Z の値が正規分布の有意水準の範囲のどのあたりに位置しているかで帰無仮説を棄却するかどうかを判断する．同じ棄却であっても，Z が棄却域と採択域の境目近くにある場合は，「かろうじて棄却できる」という状況であると考えられる．一方，Z が境目から大きく離れている場合は，「自信を持って棄却できる」と考えられる．このように検定統計量が採択域から離れるほど，帰

---

[21] 正規分布の母集団（平均：μ，分散：σ^2）において，n 個の標本をもとに算出した標本平均は，母平均 (μ) と標本分散 $(\frac{\sigma^2}{n})$ から成る正規分布に従うという分布のこと．

4.4 検定について

無仮説をより強く棄却できる．この場合，検定統計量の外側の確率がより小さくなる．その確率のことを有意確率，あるいは「p 値」という．実際に Excel 等の計算で p 値が出てくるが，この値が小さいほど，自信を持って棄却できるという状況になる．

4章　仮説構築時に注意することは何か

■ 4.5　課題2（4.1〜4.4, 3章を利用した社会的問題設定）

　本節では，これまで述べたことを参考にしながらグループで討論するPBLの
課題設定や手順を述べる．課題については，特にICT技術の進展により，陳腐
化する可能性は大きいと考えられるので，後述する他の課題などを参考にしな
がら，適宜更新していく必要がある．

(1)　課題

　以下のシナリオに対して，各自調査を行い，様々な観点から何が課題となり
うるのか，またどういった解決策が考えられるかを，グループで議論しまとめ
なさい．検討の手順については，3.4節と同様であるので，参考にすること．
「近年，iPhoneの発売以来，タッチパネルで操作できるスマートフォンが爆発
的に売れて，幅広い層に利用されている．統計によると，このスマートフォン
を利用して，ネットショッピングをするユーザは，急激に増加している」

(2)　課題を進めるに際してのヒント

- スマートフォンの特徴（従来の携帯電話に比べての料金，年代別・性別利用
  者数，出荷台数の推移，新型投入時の特徴など）を把握する，タッチパネル
  の特徴（使いやすいのか，使いにくいのかなど）を把握する，ネットショッ
  ピングの特徴（年代別・性別利用者，購入物品の特徴など）を把握する，ネッ
  トショッピング市場の最近数年間の傾向を把握するといった様々な観点を調
  べる．

- スマホを利用したネットショッピングをどういった観点で捉えるか（例えば，
  どの世代が多く利用するのか，どのような商品を・いくらぐらい購入するの
  か，これまでどのようなトラブルがあったか，どのようなシーン（自宅，通
  勤・通学途中，オフィスなど）でユーザはネットショッピングを利用するの
  かなど），絞り込む．

- 仮説構築時の留意点を参考に（例えば，ネットショッピング利用とスマホ利用
  のおのおのの統計データは入手できるが，スマホでネットショッピングを利
  用するユーザの特徴を把握したい場合など），仮説を構築し，検討を進める．

88

4.5 課題2（4.1〜4.4，3章を利用した社会的問題設定）

→以上を参考にしながら，シナリオをどう解釈するか，および問題点の抽出
を進める．

(3) 進め方

第1ラウンド：

① グループ内で自己紹介を実施【5分】

② グループ内で，司会と書記を決める【1分】

③ 与えられた情報を参考に，上記シナリオはどういう意味かの解釈をグルー
プ内で話し合う．その際にネットで調査するなど工夫する．課題の進め
方と到達点について，段階を追って進めるのが望ましい．その参考とな
る計画を以下に示す．

  ● 与えられたシナリオの意味を吟味し，スマートフォンとネットショッ
ピングに関する基本的な知識に関して，不明な項目を抽出する【20分】

  ● 課題を進めるための講師からのコメント【5分】

  ● 不明な基本知識を各自分担して調べ，情報を共有する【20分】

  ● 課題を進めるための講師からのコメント【5分】

  ● スマートフォンとネットショッピングの踏み込んだ状況について，ど
のような情報が必要かを話し合う【15分】

④ 次週までに各自調査する項目の分担を決める（どのような情報を収集し，グ
ラフ化するかなど）【10分】

第2ラウンド以降は，3章と同様に進める．

　他の課題（抽出する課題の特徴としては，多くの人にとって身近な事柄が組
み合わさった時に，どのように扱うかを意図している）をいくつか示すので，こ
れらもぜひ取り組んでもらいたい．

・他の課題1

　「我が国の健康食品・サプリメント市場は，約1兆5千億円（2014年度）で，
毎年増加傾向にある．特に男女とも60代，70代の購入者が多く，健康維持のた
めの購入が主な目的である．一方，女性30代〜40代の購入者の割合も60代，

89

4 章　仮説構築時に注意することは何か

70 代とさほど差は無いが，購入の目的は美容である」

・他の課題 2

　「東京都内における交通事故件数は，年々減少傾向にあり，2014 年度には 4 万件を割った．一方，高齢運転者（65 歳以上）が関与した交通事故の割合は年々増加傾向にあり，2014 年度に 20%を超えた」

・他の課題 3

　「1980 年代に主要先進国と比べて人口当たりの科学・工学系博士の数に 3 倍以上の開きがあったことから，我が国では大学院重点化施策を実施し，大学院の定員増加を図った．我が国では毎年約 2 万人の博士号取得者が誕生し，その開きは少しずつ縮まっている．一方で，そのうちの約 30%強の人達が就業できていない状態である」

第 4 章 参考文献

[1] 厚生労働省，成人喫煙率
http://www.health-net.or.jp/tobacco/product/pd090000.html
[2] 国立がん研究センター，がん統計
http://ganjoho.jp/reg_stat/statistics/stat/index.html
[3] 農林水産省「農林業センサス」
http://www.maff.go.jp/j/tokei/census/afc/index.html
[4] 農林水産省「農業・食料関連産業の経済計算」
http://www.maff.go.jp/j/tokei/kouhyou/keizai_keisan/
[5] 浅川芳裕著．『日本の農業が必ず復活する 45 の理由』．文藝春秋．(2011 年)
[6] 井上栄著．『感染症』．中公新書．(2006 年)
[7] 高安秀樹著．『フラクタル』．朝倉書店．(1986 年)
[8] ダンカン・ワッツ著 (栗原聡, 佐藤進也, 福田健介訳)．『スモールワールド　ネットワークの構造とダイナミクス』．東京電機大学出版局．(2006 年)
[9] ジョエル・ベスト著 (林大訳)．『統計という名のウソ』．白揚社．(2007 年)

5章

データの分類はどのように行うのか

5.1 属性分類

　ある対象となる事柄は，その内面に様々な付加情報を保有している．それは，その対象となる事柄が発するものであったり，外から見て，解釈されるものであったりと様々である．例えば，リンゴは，果物であり，甘酸っぱい味がし，赤色であるといったリンゴ自体が発している情報や，「An apple a day keeps a doctor away !」と言われるように，毎日食べると風邪にかかりにくい，また風呂に入れると体が温まるなどの外から解釈されることにより保有する付加情報がある．これらを，その対象物が保有している属性[22]という．表5.1に属性の具体例をまとめた．企業では，商品やサービスを消費者に提供していくわけであるが，その際に商品であれば，商品名，商品番号，単価，製造年月日，賞味期限や製造地（食品であれば）などが属性となり，サービスであれば，サービス名，サービス番号，料金，提供条件などが属性となる．また，企業から見れば，商品やサービスの向こう側に顧客がいることから，顧客の属性も，顧客名，年齢，性別，住所，電話番号といった情報が分類される．さらに，コンビニなどの全国に広がる店舗では，店舗名，店舗番号，住所，電話番号，最寄駅所要時間，幹線道路沿いの有無などのエリア属性が重要となる．

　一方，教育の観点からは，学生に関する情報として，氏名，学生番号，学年，取得単位数，履修科目数，出席日数，成績などが学生の属性として挙げられる．また，大学の属性としては，国公立・私立区分，総合大学・単科大学，学生数，教員数，授業料，キャンパス面積などが挙げられる．このように挙げていくときりがないが，全ての事柄には属性があり，我々は様々な分析検討を行う時に，

---

[22] 英語では，attribute あるいは property が対応する．

5 章　データの分類はどのように行うのか

表 5.1　各種属性例

商品の属性

商品名	商品番号	単価	製造年月日	賞味期限	製造地
凸凹麺	NB150316	200	2015/5/21	2020/10/21	
…	…	…	…	…	…

サービスの属性

サービス名	サービス番号	料金	提供条件
α サービス	SG009516	1560	携帯とセット
…	…	…	…

顧客の属性

顧客名	年齢	性別	住所	電話番号
井出　類	36	男	千葉県〜	07054320120
…	…	…	…	…

エリアの属性

店舗名	店舗番号	住所	電話番号	最寄駅所要時間	幹線道路沿い
津田沼	112	千葉県〜	04722222	2	有り
…	…	…	…	…	…

この属性を利用しているのである.

5.2 顧客のセグメント化例

5.1 節で述べたように，ある商品がどういった消費者に売れているのか，売れ筋を明らかにすることは，企業の基本的な検討姿勢と言える．その時に必要となる情報が属性情報になる．この属性情報を用いて，消費者の特徴により複数のグループに大別し，おのおのに対する戦略を検討していくのが実際によく利用される考え方である．これをマーケット・セグメンテーションという．マーケット・セグメンテーションとは，企業が消費者のニーズをより正確に満足させることを目的に，同質な市場を見つけて，分類していくことである．ここで，セグメントとは，断片，切れ目，分割という意味だが，これが経営分野においては，市場における類似ニーズを持つ顧客グループを指すことからも理解できると思う．もう1つニッチという用語がある．このニッチとは，セグメントよりももっと特定の嗜好を持つ顧客グループのことを指す．現在は，消費者ニーズが多様化しており，従来のセグメントだけでなく，ニッチの数が多いことから，このニッチに対するマーケット戦略も重要と言える．このようなマーケット・セグメンテーションには，図 5.1 に示すように，メリットとデメリットがある [1]．セグメントサイズがおおざっぱだと，管理費用は少ないが，平均的な消費者をターゲットとするため，当たりはずれがあり売上はそれほど期待できない．一方，セグメントサイズが細かいと，かゆいところまで手が届くといった感じで，売上は伸びるが，セグメント個数に応じた管理費がかかるという特徴がある．これらのことから，分割するセグメントサイズには最適なサイズが存在するということがわかる．近年，インターネット上でのソーシャルメディアの普及により，マーケット調査を実施するのにそれほど手間がかからなくなったので，セグメントサイズはより小さいサイズでもコストはそれほどかからなくなってはいる．一般的には，最適なサイズがあると考えてよい．

インターネットを利用したマーケット・セグメンテーションの応用例は，数多く紹介されている．例えば Amazon では，表示される商品は，全顧客に対して同じではなく，顧客によって変わることはよく知られている．これは，顧客がどのページをどの順番でアクセスしたかといった情報に基づき，プロフィールや過去の購買履歴データを分析した結果，最適と思われる商品を顧客ごとに

5章 データの分類はどのように行うのか

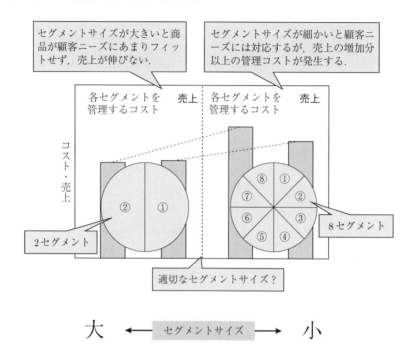

図 **5.1** マーケットセグメンテーション

推奨しているのである．これを，レコメンデーションという．人は何かを薦められると，それが自分の関心あるものであれば，もう少し見てみたいと感じるものである．このように購買行動を誘発する仕組みとして浸透している．

一般に，顧客のデータを分析するのに利用されるのが，多次元分析の1つであるRFM分析 [2] である．これは，以下の3つの次元で顧客を点数化し，分類することを基本とする．

・Recency：その顧客が最後に購入した日
・Frequency：その顧客が一定の期間内に購入した回数
・Monetary：その顧客が一定の期間内に購入した金額の合計

例えば，「RFM全ての点数が高い顧客は，優良顧客であることから，招待券や感謝のギフトを贈る」，「FMが高く，Rが低い顧客に対しては，店舗に足を

◆ コラム ◆
聖地巡礼はニッチ？

　日本のアニメはクールジャパンを代表するコンテンツであり，アニメ産業市場も年々増大している．そのような中で，アニメの舞台となった場所を訪れる聖地巡礼という言葉が近年はやっている．例えば，2016 年に上映された映画『君の名は』で聖地となっている岐阜県飛騨市はこの映画が話題となってから観光に訪れる客は約 75 万人に達している．「聖地の酒」を限定販売した結果，全て完売するといった状況で，映画がこの地域にもたらす経済効果は大きいという現象が起きている．少子高齢化が続く中で，各地域では活性化対策に頭を悩ませているところであるが，

　このアニメの聖地巡礼を活性化として取り入れた成功例として，埼玉県久喜市（らき☆すた），石川県金沢市（花咲くいろは），茨城県大洗町（ガールズ＆パンツァー）などがある．これらの地域では，キャラクター入りのお菓子やアニメに登場する料理，スタンプラリーやアニメで紹介されている祭りを行事化するなど，地域住民が主体的に作り上げていっており，観光客を年々増加させるという手法を確立している．地域活性化対策を考える際に，観光客を呼び込むため，美術館・博物館や郷土料理店さらには地域の特色あるイベントを立ち上げるということも考えられるが，それが一時的なもので終わってしまうリスクも含んでいる．そういった状況において，たまたまアニメで聖地として取り上げられた場所は，ある意味幸運かもしれないが，いわゆるアニメファンというマーケットをどのように捉えるかがカギになったと言える．

　アニメファンというのはニッチなマーケットなのであろうか．ひと言でアニメファンといっても，アニメというコンテンツ全般が好きな人，ある特定のコンテンツのファンである人など様々であることから，どの程度のアニメファン人口がいるのかを把握するのはとても困難である．もしアニメファンの人口が少なければ，先に示した聖地巡礼というのは，極めてニッチなマーケットとして成立すると言える．もしアニメファンの人口が多ければ，ニッチではなく，マスに対するマーケットとなる．以前，アニメファンはオタクという印象があり，あまり良い印象としては捉えられていなかったため，少数派のイメージが強く，1 つのマーケットを形成するとは考えにくかったと思われる．しかし，最近はオタクの印象も変わり，昔ほど悪い印象はないため，潜在的なアニメファンも顕在化し，大きなマーケットとなっている可能性も否定できない．

5章　データの分類はどのように行うのか

運んでもらうため，バーゲン・セールなどに招待する」，「RMが高く，Fが低い顧客は，購入商品に対する感想やクレームを問合せ，要望などをまとめる」といった販売促進方法を企画推進する検討を実施できる．

　新しい商品やサービスが市場に登場した時に，消費者がどのように受容し，消費に結びつくのかを，イノベーションがどのように社会や組織に伝搬し，普及するかのRogersの実証的研究から，以下の5つのカテゴリに顧客を分類している（図5.2(a)）．

① イノベーター（革新的採用者）：冒険的で，最初のイノベーションを採用する人達で，2.5％と示してあるとおり，数は少ない．

② アーリーアダプター（初期採用者）：新しい物好きで，自ら情報を集め，判断を行う人達．商品やサービスを利用した後に，様々な意見を発信するのが特徴である．マジョリティ（多数採用者）がこの人達の意見を参考にする特徴がある．

③ アーリーマジョリティ（初期多数採用者）：比較的慎重で，初期採用者に相談するなどして追随的な採用をする人達である．周辺の人達が多く利用するようになると，つられて普及する層である．

④ レイトマジョリティ（後期多数採用者）：うたぐり深く，世の中の普及状況を見て模倣的に採用する．商品であれば十分に価格が安くなった状況や，サービスであれば不具合がほとんど無くなり，使いやすくなった状況から，利用する層である．

⑤ ラガード（採用遅滞者）：最も保守的・伝統的で，最後に採用する．

　企業では，顧客関係管理は，「既存の優良顧客」を対象にするとともに，チャー

5.2 顧客のセグメント化例

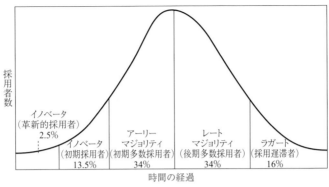

(文献[2, p.229]より引用．著者一部調整)

(a) イノベーション普及モデル

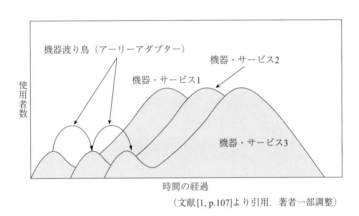

(文献[1, p.107]より引用．著者一部調整)

(b) 機器渡り鳥

図 5.2 普及モデル

ンマネジメント[23]により「途中解約顧客」を対象にする必要がある．この途中解約顧客の中で，新しい機器に敏感な顧客 [1] は，機器渡り鳥と呼ばれている．この機器渡り鳥は予測困難であるが，途中解約に関する影響が大きいので，

---

[23] チャーンは途中解約顧客のことで，これまでの通信サービスなどでは，料金・通信品質・サポート体制などと解約の間に関係があると言われてきた．

97

5 章　データの分類はどのように行うのか

考慮しなければならない．(a) の中において，アーリーアダプターは，機器渡り鳥になりやすく，図 (b) のように，途中解約する可能性が高くなるとされる．

　企業からみれば，解約する顧客を最小限にしたい．そのために，どういった顧客がロイヤリティが高い顧客で，どういった顧客が解約しそうかを把握することが重要となる．そのためには，顧客がある企業にどの程度の利益をもたらすかを測定する手法が必要となる．既存顧客が生涯にもたらしてくれる利益の総額を試算（これを生涯価値と言う）すれば，それらの顧客を獲得して維持するために企業はどれだけの予算をかければよいかがわかる．参考文献 [3] に航空会社の例が掲載されているので，その考え方を参考にコンビニに応用して紹介する．生涯価値は，3 つの要素から構成される．それは，現在価値，将来の売上げ，顧客としての期間の長さである．あるコンビニで，顧客の維持率を上げたいという要望があり，どのように顧客を見分けるかで悩んでいる状況を想定する．これは，離脱しそうな顧客の把握がわかれば対策が打てると言える．ここで，図 5.3 を見ながら，以下の方法で考える．

- 入力情報として，顧客がいつ，どこで，どの程度頻繁に，どの商品を購入したか等を収集する．図 5.3(a) に A 氏，B 氏，C 氏の最近 1 年間の購買回数を表に示している．

- 出力情報として，以下に示す RAR（売上額）を予想する．

$$RAR = P(D) \times D \times CV$$

ここで，$P(D)$ は売上が減少する確率，D は予想される売上の減少率，CV は顧客の現在価値であり，この式は，人間の自然な思考の流れを反映している．図 (b) に直観的な考えとモデル上の変数の対応関係を示す．図 (a) と (b) より，A 氏は過去 1 年間に 10 回／月前後とコンスタントにコンビニ利用があったのに 2 月は激減している．細かい事情はさらに顧客の状態を確認していかなければわからないが，今後の購入額が減少する確率がある程度考えなければいけないと解釈できる．一方 B 氏は，昨年は A 氏同様に 10 回／月前後の利用があったにも関わらず，最近 4 カ月程度は月に数回程度の利用しかなくなっている．これはかなりの高い確率で購入額が減少すると予想できる．最後に C 氏は，多い月もあれば少ない月もあり不定期ではあるが，パターンとしてはコンスタン

98

5.2 顧客のセグメント化例

(a) 過去12カ月のコンビニ利用回数

	3月	4月	5月	6月	7月	8月	9月	10月	11月	12月	1月	2月
A	10	12	8	9	11	10	14	10	11	8	12	3
B	9	10	11	13	11	10	8	12	1	3	2	2
C	15	6	13	2	3	10	6	1	16	4	12	7

(b) 直観的要素から変数への置き換え

直観的に考えると	それをモデル上の変数に置き換えると
どの程度頻繁にコンビニを利用しているか	1カ月あたり平均コンビニ利用回数
月ごとのコンビニ利用回数にどの程度ばらつきがあるか	1カ月あたりコンビニ利用回数の分散
直近2カ月にどの程度コンビニ利用回数が減少したか	過去12ヵ月間の平均コンビニ利用回数から2ヵ月のコンビニ利用回数をマイナスした結果
コンビニ利用回数の減少がどの程度続きそうか	コンビニ利用回数が過去12ヵ月間の平均コンビニ利用回数から30%以上減少した月の数

(c) 購入額が減少する確率（著者の答え）

	購入額が来年度50%減少	購入額が来年度20%減少
A氏	30%	50%
B氏	45%	80%
C氏	10%	10%

図 **5.3** 顧客生涯価値

トに利用する顧客と考えることができる．以上のことから，図 (c) にどの程度減少するかの確率を主観的に埋めてみた．こういった考えをもとに，顧客の分類をしていくのが有効である．

この応用例として，大学での退学者を予想し，何らかの対策を施すということに効果がると言われており，アメリカでは，既にそういった取り組みが実践されている．

99

◆ コラム ◆
顧客の囲い込み

　本文でも述べたように，航空会社などはマイレージや利用回数に応じて，プレミアム会員の資格を与え様々な特典を提供したり，家電量販店などは購入ごとにポイントを貯めて，累積購入額等に応じてプレミアム資格を付与するなど，消費者を対象としたいわゆるBtoC (Business to Consumer) 向けサービスを提供する多くの業種で，顧客の囲い込みが行われている.

　ここで通信サービスにおける囲い込み戦略を紹介する. 国内における通信事業は長い間電電公社として運営をしてきたが，1985年に通信の自由化により通信市場がオープンな競争市場となった. 当然のことながら，この時点では現在の NTT しか電話ユーザがいなかったのであるが，そこに長距離通信サービス分野の新規参入事業者（DDI，日本テレコム，日本高速通信等）が入り，ユーザ獲得に向けて，より安価な料金設定によりサービスを開始した. そのため，しばらくは価格競争が続くこととなった. 一方，移動通信市場は数年遅れて，地域ごとに NTT と NCC (New Common Carrier) の複占体制が続き，その後 1994年に携帯端末の販売自由化により爆発的にユーザ数が増え，様々な過程を経て，今日の 3 社体制（NTT ドコモ，ソフトバンク，au）に至っている.
特に，この移動通信市場は MNP（番号ポータビリテイ）により，移動通信事業者を変更しても，電話番号は変わらないという仕組みができたため，churn を防ぐのが大変難しくなった. その結果，価格競争となり，安い事業者に多くのユーザが移行する形となり，現在の 3 社体制を形成しているわけである.

　ここ数年，価格競争も一段落し，3 社間のサービスメニュー，品質，サポート体制などにあまり差がなくなったことから，わざわざ MNP を利用して，通信事業者を移るユーザがほとんどいないのが現状である. こういった段階に入ると，churn に対する対策がおろそかになりがちだが，よいという噂が広がれば，一気にユーザが流れるので，通信事業者は churn に気をつけるため，様々な顧客囲い込み戦略を打ち出していなければならない.

　そのため，契約期間が例えば 10年以上のユーザに対しては，料金割引率を高く設定するなどの方策が採られた. さらに，インターネットの普及により，電子メールだけでなく映像配信等様々なサービスをスマートフォンで利用できるようになると，そういったサービスとセットで割引をすることにより，サービスの多様性や利便性の観点から顧客が他社へ逃げないようにする戦略が採られている. 近年では電気料金やガス料金とセットで契約することで割引率が高くなるなど，通信サービス市場も業務を様々な方向に拡大することと囲い込みとを組み合わせていると考えられる.

5.3 各分類手法の特徴の解説

■ 5.3 各分類手法の特徴の解説

ここで，企業などが顧客の特徴を効果的に見い出すいくつかの方法を紹介する [4].

(1) ディシジョンツリー

ディシジョンツリーは，決定木とも呼ばれ，ある現象が起こるかどうか，目標に到達するための意思決定を行うための考え方である．属性によって分けられた各グループの影響度を見ながら，最も影響度の高い属性で分類し，それをもとに次に影響度の高い属性で分類し，その操作を続けていくものである．したがって，属性を適切に分類できる程度のデータ量が必要である．

例えば，1000 人の自社の顧客に対して，図 5.4 に示す通り，性別，年代別，地域別，収入別といった属性ごとに，新たなサービス A の契約確率を計算する．表から，サービス A の契約に最も影響度の高い属性は，その差が明確に現れるものであることを考えると，年代別である．したがって，全顧客をまずは年代別に分けて，その中でどういった特徴があるかという分析に進んでいく．ここでは，20〜40 歳の性別，地域別，収入別を 1 つの表に，41 歳以上の性別，地域別，収入別をもう 1 つの表に分けて作成していく．次に，各々の年代別に与える第 2 の属性は異なると考えられるので，20〜40 歳のグループで影響度の高い属性は性別であることがわかれば，そのようにさらに分類が進む．また，41 歳以上のグループでは，地域別の影響度が高いとわかれば，その要因をもとに分類する．そのような操作を繰り返して，最終的に，20 歳〜40 歳に対しては，性別が次の影響属性となり，男では収入別が，女では地域別が要因として分類される．41 歳以上に対しては，地域別が次の影響属性となり，人口 10 万以下であれば収入別が，人口 10 万以上では性別が要因として分類され，最終的なディシジョンツリーを得ることができる．

もう 1 つ実際にどのように利用するかの例を説明する．表 5.2(a) に天気，湿度，気温とその際に傘を持って外出するかどうかをまとめた 10 人の結果を例として示す．適切な属性を探して分類していくにはどのようにしたらよいであろうか．試行錯誤で全ての属性をルート（根）として分類してみるのも 1 つの手

101

5 章　データの分類はどのように行うのか

サービスAの契約確率（%）

性別		年代別		地域別		収入別	
男	女	20-40歳	41歳以上	人口10万以下	人口10万以上	年収500万円以下	年収500万円以上
24	45	60	20	35	43	28	40

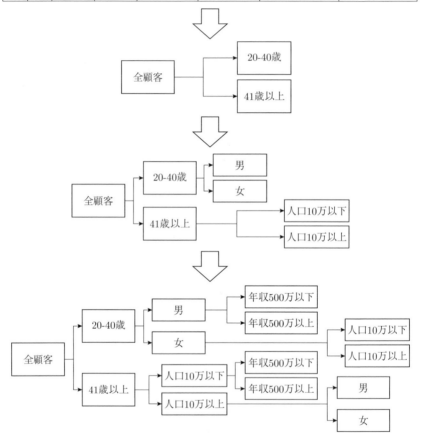

図 **5.4**　ディシジョンツリー

だが，属性の数が多くなるとツリーを作成する手間や比較の手間が大変である．基本的には，決定のための不確実さが最大限減少する属性を選ぶという立場か

5.3　各分類手法の特徴の解説

表 5.2　気象条件と傘持参の関係

	天気	湿度	気温	傘を持って行く
A	晴れ	高い	暑い	×
B	晴れ	高い	寒い	○
C	晴れ	低い	暑い	×
D	晴れ	低い	寒い	×

	天気	湿度	気温	傘を持って行く
E	曇り	高い	暑い	○
F	曇り	高い	寒い	○
G	曇り	低い	暑い	×
H	曇り	低い	寒い	○

	天気	湿度	気温	傘を持って行く
I	雨	高い	暑い	○
J	雨	高い	寒い	○

	天気	湿度	気温	傘を持って行く
A	晴れ	高い	暑い	×
B	晴れ	高い	寒い	○
C	晴れ	低い	暑い	×
D	晴れ	低い	寒い	×
E	曇り	高い	暑い	○
F	曇り	高い	寒い	○
G	曇り	低い	暑い	×
H	曇り	低い	寒い	○
I	雨	高い	暑い	○
J	雨	高い	寒い	○

(a) 最初の状態　　　　　　　　　　(b) 天気を根とした状態

ら決めていくとよい．ここでは，各属性の情報量[24]に着目し，天気が「晴れ」の場合，○と×の数はそれぞれ 1 と 3 である．したがって，平均情報量（エントロピー）は，$-\left(\frac{1}{4} \times \log_2 \frac{1}{4} + \frac{3}{4} \times \log_2 \frac{3}{4}\right) = 0.811$ となる．同様に「曇り」と「雨」の場合は，平均情報量は，それぞれ 0.811 と 0 となる．したがって，天気の平均情報量は，

$$\frac{4}{10} \times 0.811 + \frac{4}{10} \times 0.811 + \frac{2}{10} \times 0 = 0.649$$

ルート（根）の平均情報量は○と×の数が 6 と 4 に分かれるので，平均情報量は，$-\left(\frac{6}{10} \times \log_2 \frac{6}{10} + \frac{4}{10} \times \log_2 \frac{4}{10}\right) = 0.971$ となる．したがって，属性を天気とした場合の情報利得は，$0.971 - 0.649 = 0.322$ となる．同様に湿度と気温

---

[24] ある事象 (E) が発生した時に，その事象がどの程度起こりにくいかを表す尺度が情報量 (I) で，一般に，$I = -\log P(E)$ で計算する．ここで，$P(E)$ は事象 E が発生する確率である．

103

5章 データの分類はどのように行うのか

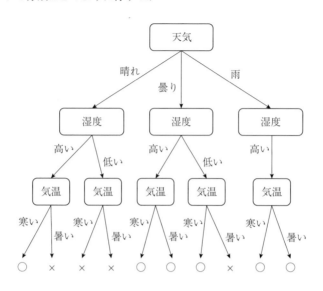

図 5.5 気象条件と傘持参の決定木

についても情報利得を求めると，それぞれ 0.257 と 0.125 となり，天気を選択することが情報利得を最大にできると考えられる．次に，「晴れ」「曇り」「雨」の状態から不確実さが最大限減少する属性を選ぶ．「晴れ」において，湿度が高い場合，○と×の数はそれぞれ 1 と 1 である．したがって，エントロピーは，1 となり，湿度が低い場合は，0 となる．したがって，湿度のエントロピーは，0.5 となる．根の次の親ノードの平均情報量は○と×の数が 1 と 3 なので，0.811 となる．情報利得を計算すると，$0.811 - 0.5 = 0.311$ となる．同様に，気温の情報利得も 0.31 となるため，ここでは，湿度を第 2 の決定要因とする．「曇り」においても，情報利得は「湿度」「気温」ともに同じため，ここでは湿度を第 2 の決定要因とする．「雨」においても同様の計算を進め，最終的に得られたディシジョンツリーを図 5.5 に示す．

(2) アソシエーション・ルール

アソシエーション・ルールとは，相関規則のことであり，複数の事象の中で，

5.3 各分類手法の特徴の解説

光ブロードバンド
サービス購入

同時購入 サービス	同時購入 確率
Desktop PC	30%
Note PC	10%
TV	2%
Tablet	4%
Smartphone	1%

CATVブロードバンド
サービス購入

同時購入 サービス	同時購入 確率
Desktop PC	15%
Note PC	13%
TV	35%
Tablet	1%
Smartphone	1%

LTEサービス購入

同時購入 サービス	同時購入 確率
Desktop PC	2%
Note PC	20%
TV	1%
Tablet	17%
Smartphone	25%

WiMAXサービス購入

同時購入 サービス	同時購入 確率
Desktop PC	10%
Note PC	34%
TV	3%
Tablet	12%
Smartphone	5%

図 5.6 アソシエーションルール

同時に発生する可能性が高い組合せを見つける考え方である．その考え方の1つとしてマーケットバスケット分析が広く知られている．マーケットバスケット分析とは，ある商品やあるサービスを購入する顧客が，同時に購入する可能性の高い別の商品やサービスを見つける手法である．例えば，図5.6に示すように，高速ネットワーク接続サービスの購入実態を調査したとする．光ブロードバンドサービス，CATV ブロードバンドサービス，WiMAX サービスは，それぞれ何が同時購入されるか，サービスの特徴を考えると予想通りと理解できる．LTE については，Smartphone での利用が多いのはわかるが，Note PC の同時購入も多いことがわかる．これは，LTE がテザリング[25] サービスを提供していることから納得がいくが，少し考えただけでは発見できなかった気づきを与えてくれる特徴がある．

休日にスーパーでおむつ売り場の横にビールを置いておくと，両方ともよく売れたというのは，バスケット分析の有名な話であるが，これは，休日は夫婦の中で，男性が買い物に出かける機会が多いことと，男性の買い物にはアルコールの購入機会が多いことを，分析から類推した結果になっている．これらのことを行うには，ソースとして必要となるデータ項目は，注文番号，商品などの情報を伝票で管理しておく必要があることは言うまでもない．

以上の事柄を，数学的な表現でまとめておくと全体像が見える．すなわち，

---

[25] tethering という用語は，ロープでつなぐという意味があり，これまでは命綱や，宇宙空間での衛星観測などで使用されていた．

5 章　データの分類はどのように行うのか

X を商品 a を購入した人数，Y を商品 b を購入した人数とすると，$X \cap Y$ は商品 a と b を両方ともに購入した人数となる．一般にユーザの好みにあった商品やサービスを推薦するレコメンデーションという方法があるが，アソシエーション・ルールを用いて，レコメンデーションの代表的な指標について説明する．この 3 つの指標を総合的に勘案して，レコメンドするかしないかを決めていくのが，通常の方法である．

① コンフィデンス（信頼度）：$\frac{|X \cap Y|}{|X|}$

これは商品 X を購入した人が商品 Y も購入する確率である．

② サポート（支持度）：$\frac{|X \cap Y|}{|\Omega|}$

これは全体の商品の中で，どのくらい X も Y も一緒に購入されているかを表す確率である．

③ リフト（売れ筋商品の扱い）：$\frac{\left\{ \frac{|X \cap Y|}{|X|} \right\}}{\left\{ \frac{|Y|}{|\Omega|} \right\}}$

これは，全体の中で商品 Y が購入される確率に対して，商品 X を購入した人が Y も購入した確率の割合になっている．すなわち，何もしなくてもどれくらいの人が商品 Y を購入しているかに対して，商品 X を購入した人でも Y も購入する人がどれくらいいるかを計算している．一般に，何もしない時よりも購買確率が上がれば，レコメンドするので，リフトの値が 1 より小さい場合は，レコメンドする意味があまりないことを表している．

(3)　シーケンス

シーケンスは，本来順番という意味である．ここでシーケンスを利用した分析は，ある事象が発生した後に，他の事象が発生する確率を考察する考え方である．マーケット分析の分野で考えると，例えば，ある商品やサービスを購入した顧客が，次にどのような商品やサービスを購入したかを時系列に分析することである．バーベキューセットを購入した顧客は次に炭を購入する，スーツ

5.3 各分類手法の特徴の解説

を購入した顧客はネクタイやシャツを購入する，PCを購入した顧客は次に光のブロードバンドサービスを購入する等である．分析に必要となるデータ項目としては，顧客を特定する顧客名，顧客番号，購入時期，商品・サービス名やその番号などである．したがって，アソシエーション・ルールを利用した同時購入確率と合わせて考えると有効であると言える．

(4) クラスター

クラスターは，複数の属性を持つ多くのデータを，似た属性を持つグループに分ける考え方である．データ間の属性に応じた距離を計算し，どの程度近いか離れているかを判断し，セグメントを作成するため，データの偏りを正しく反映できる特徴を有する．そのため，例えば若年層や高齢層と分類する顧客セ

ユーザ	年齢	利用年数
A	35	16
B	55	15
C	24	5
D	69	30
E	38	6
F	62	11

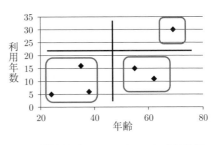

(a) 顧客セグメンテーションによる分類

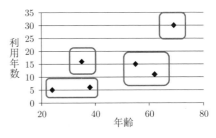

(b) クラスターによる分類

図 5.7 クラスター

5章 データの分類はどのように行うのか

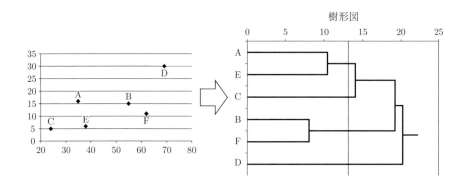

図 5.8 樹系図（最短距離法）

グメンテーションとは，処理が異なる．

例えば，光ブロードバンドサービスの利用年数による顧客の分類を考える．図5.7に示すとおり，年齢と利用年数によるグラフ上で，顧客セグメンテーションの考え方によると，若年か高齢かと，利用年数が短いか長いかの全部で4通りの領域に分割し，それに沿って該当するユーザを分類することとなる．一方，クラスターによる分類では，各点の距離を計算し，分類するので，必ずしもセグメンテーションと同じとはならない．セグメンテーションの領域が，さらに細分割される場合もあれば，別の領域と統合される場合もあると言える．

実際にどのような仕組みで分類されるのか説明する．クラスター分析における分類法は多く存在するが，ここでは最も単純で便利な階層的クラスター分析である樹系図（デンドログラム）を紹介する．図5.7に示すユーザの年齢と利用年数から，おのおの距離の近いものから選んでいく操作を繰り返すことで，階層的に分類できる．図5.8の左側に再度散布図を示す．例えば，Aに一番近いのはEとなる．Aを中心に考えるとDが一番遠い場所にあるというのが，人間の目ではわかるが，これをコンピュータに計算させる場合は，ユークリッド平方距離[26]を計算させて，最初の状態では一つ一つがクラスターであるが，Aに一番近いものは距離を計算することによりEとわかるので，AとEが同じク

---

[26] 一般にn次元空間の2点(x, y)の距離は以下の式で与えられる．
$$d(x,y) = \sqrt{(x_1-y_1)^2 + (x_2-y_2)^2 + \ldots + (x_n-y_n)^2}$$

5.3 各分類手法の特徴の解説

ラスターとなる，というやり方で，段階的に仲間分けができ，最終的には全てのデータが1つのクラスターになるまで繰り返す．この計算によって求められたのが，図 5.8 の右側の樹系図である．既に Excel などにツールが組み込まれているので，データさえ表としてまとめればよいから，大変便利な手法となっている．

(5) コレスポンデンス分析

コレスポンデンス分析は，アンケート等の集計結果を視覚的にわかりやすく表現できる特徴がある．例えば，好きな映画のジャンルをアンケート等により集計し，その際に，回答者の属性（例えば性別や年齢など）も聞いておくと，集

世代	アニメ	アクション	コメディ	SF	サスペンス	恋愛	全体
10代・男	12	33	14	26	17	9	50
10代・女	14	7	12	9	24	41	55
20〜30代・男	19	37	9	28	30	18	40
20〜30代・女	23	10	7	4	15	39	60
40代〜・男	5	23	10	30	18	14	35
40代〜・女	8	9	27	18	21	30	40

(a) 映画のジャンルに関するクロス集計表

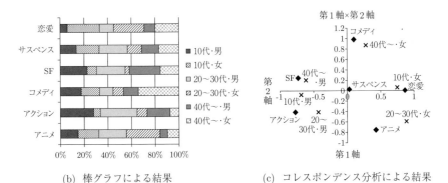

(b) 棒グラフによる結果　　(c) コレスポンデンス分析による結果

図 5.9　コレスポンデンス分析

5 章　データの分類はどのように行うのか

計表（一般にクロス集計表が得られる）や棒グラフで見るよりも，それらの相
関関係がより簡単に見えるといったものである．図 5.9(a) にクロス集計表を示
す．好きな映画のジャンルを性別年代別に集計したグラフである．一般には，
これを図 (b) のように，それぞれの割合を計算し，棒グラフで表すことが多い．
この時点では，例えば 10 代の男はアクション映画が好きで，10 代女は恋愛映
画が好きで，20〜30 代女はアニメが好きだといったことがわかる．

　次に図 (c) にコレスポンデンス分析により得られた散布図を示す．基本的な
考え方は，行列（分割表）において，行項目と列項目の相関が最大になるよう
に，行と列の双方を並び替えることである．相関が最大になるように並べ替え
るということは，クロスセルにあるデータを見ながら，近い項目が隣り合うよ
うに並べ替えるということを意味する（詳細は参考文献 [5] を参照）．Excel 統
計等ツールが充実しているので，データ範囲を指定すれば容易に結果を得られ
る．この時点では，棒グラフに加えて，10 代男はアクションだけでなく SF に
も興味があることを示しており，またサスペンス映画は全世代に均等に見られ
ているといったことがわかる．

5.4 課題3（5.1〜5.4，3章を利用した社会的問題設定）

■ 5.4 課題3（5.1〜5.4，3章を利用した社会的問題設定）

本節では，これまで述べたことを参考にしながらグループで討論する PBL の課題設定や手順を述べる．課題については，特に ICT 技術の進展により，陳腐化する可能性は大きいと考えられるので，後述する他の課題などを参考にしながら，適宜更新していく必要がある．

(1) 課題

以下のシナリオに対して，各自調査を行い，様々な観点から何が課題となりうるのか，またどういった解決策が考えられるかを，グループで議論しまとめなさい．検討の手順については，3.4 節と同様であるので，参考にすること．「近年，Edy・nanaco・WAON といった電子マネー市場が拡大している．電子マネーは，専用端末に電子マネーカードをかざすと，金額のチャージが可能となり，コンビニや他の店舗でも現金を持ち歩くことなく，利用できるいわば電子財布である．この電子マネーを利用することによりポイントもたまる仕組みになっている．電子マネーに限らず，T ポイントなどは，レンタルビデオなどの支払にもポイントを付与することから，ポイント市場も拡大している．」

(2) 課題を進めるに際してのヒント

- 電子マネーの特徴や種類を把握する，電子マネー市場の動向を把握する，ポイントの特徴や種類を把握する，ポイント市場の動向を把握する，他国の状況を把握するといった様々な観点を調べる．
- 電子マネーやポイントをどういった観点で捉えるか（例えば，どの世代が多く利用するのか，どのような商品を・いくらぐらい購入するのか，これまでどのようなトラブルがあったか，どのようなシーンでユーザは電子マネーやポイントを利用するのかなど），自分の利用経験などを参考に絞り込む．
- データ群の分類を把握する本章の手法を用いた（例えば，ユーザセグメントを年代別や性別で捉えるか，それとも購入商品別や金額別で捉えるかなど）分析検討も絞込みの参考とする．

　→以上を参考にしながら，シナリオをどう解釈するか，および問題点の抽出

111

5章　データの分類はどのように行うのか

を進める.

(3)　進め方

第1ラウンド:

①　グループ内で自己紹介を実施【5分】

②　グループ内で, 司会と書記を決める【1分】

③　与えられた情報を参考に, 上記シナリオはどういう意味かの解釈をグルー
プ内で話し合う. その際にネットで調査するなど工夫する. 課題の進め
方と到達点について, 段階を追って進めるのが望ましい. その参考とな
る計画を以下に示す.

- 与えられたシナリオの意味を吟味し, 電子マネーとポイント市場に関
する基本的なな知識に関して, 不明な項目を抽出する【20分】
- 課題を進めるための講師からのコメント【5分】
- 不明な基本知識を各自分担して調べ, 情報を共有する【20分】
- 課題を進めるための講師からのコメント【5分】
- 電子マネーとポイント市場の踏み込んだ状況について, どのような情
報が必要かを話し合う【15分】

④　次週までに各自調査する項目の分担を決める（どのような情報を収集し,
グラフ化するかなど）【10分】

第2ラウンド以降は, 3章と同様に進める.

他の課題（抽出する課題の特徴としては, 多くの人にとって身近に経験して
いることに対して, どのように扱うかを意図している）をいくつか示すので, こ
れらもぜひ取り組んでもらいたい.

・他の課題1

「我が国のカラオケの参加人口は5千万人弱, ボックスルーム数は約13万
ルームと, ここ10年間程度はほぼ横ばいである. カラオケボックスの市場規模
は, 約4千億円であり, 酒場市場やホテル市場でのカラオケ売り上げ等を含め
たカラオケ市場全体の6〜7割を占めている」

・他の課題 2

「食べログや価格.com など，消費者同士が商品・サービス・店舗などの評価を書き込んだり，閲覧したりする口コミサイトがネット上では多く見かける．一般に口コミサイトを利用したことのあるユーザは 50％に達しており，主に飲食・家電製品・化粧品・旅行情報のために利用されている．ユーザは，価格や評判をチェックし，95％のユーザが口コミサイトは役に立ったと言っている」

・他の課題 3

「キャラクタービジネス市場は 2013 年度に約 2 兆 3 千億円とほぼ横ばいながら，前年度より 2％増加した．有力キャラクターの商品化権市場は，玩具では伸び悩んでいるが，衣料品では伸びが見られる．また，ご当地キャラクター人気により，版権市場は増加している」

第 5 章 参考文献

[1] 喜田昌樹著．『ビジネス・データマイニング入門』．白桃書房．（2010 年）

[2] エベレット・ロジャーズ著（三藤利雄訳）．『イノベーションの普及』．翔泳社．（2007 年）

[3] ディミトリ・マークス，ポール・ブラウン著（小林啓倫訳）．『データ・サイエンティストに学ぶ「分析力」』．日経 BP 社．（2013 年）

[4] 平井明夫，岡安裕一著．『データ分析の基本と業務』．翔泳社．（2013 年）

[5] 高橋信著．『Excel で学ぶコレスポンデンス分析』．オーム社．（2005 年）

6章

不確かさを考慮した仮説の構築

■ 6.1 条件つき確率と予測

　一般に，企業における製品管理や消費者動向の把握，意思決定やリスク管理などに関して，統計学は欠かせない道具になっていると言える．例えば，同業種の企業の社員，20代の顧客，あるクラスの学生全員などの関心ある集団の特徴をつかむ時，どのようにするだろうか．この代表的なものに，平均や分散などといった考え方がある．また，統計で最もポピュラーな正規分布や，製品不良の原因や商品売上の構成比を調べるパレート図 [27] など，統計学はいろいろな分野で役立っている．従来の統計学は，様々な経験や実験から得られた十分な量のデータを利用して，正規分布等の確率として適用し，分散分析 [28]，統計的推定や検定といった検討を行っている．したがって，4章の検定の節で述べたように，標本データから計算される平均値は，ばらつきがあり，例えば正規分布に従っているといったことを前提としている．確率を扱う学問において，従来の統計学はデータ量が十分多い時には有効であるという立場にいることを理解しておかなければいけない．しかし，少ないデータの分析，時間的に変化するものの扱い，さらには経験を加味したデータ解析には向いていないという欠点がある．そういった欠点を補うのがベイズ理論である（図6.1）[1]．ベイズ理論の中には，ベイズ確率論やベイズ統計論が含まれる．詳細に関しては，それらに関連する書籍を読んでほしい．ここでは，その基本的な考え方を紹介し，

---

[27] 横軸の値が降順に並べられた棒グラフで，例えばある企業の有する複数の製品を不良品発生が高い順や売上順に棒グラフで描いたものである．前者は品質管理の目的で，後者は販売戦略の目的で利用される．

[28] analysis of variance または略称で ANOVA と呼ばれる．2つの標本平均値の相違を調べるには t 分布による検定をしたが，3つ以上の比較の場合に用いる手法．

6章 不確かさを考慮した仮説の構築

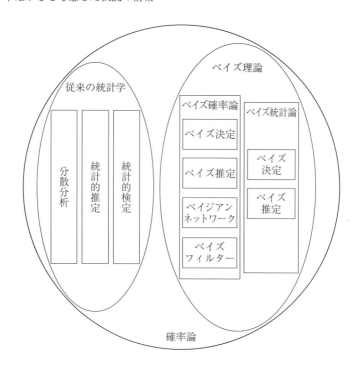

図 6.1 ベイズ理論の扱う範囲

実用的な道具として，皆さんが利用できることを目的とする．

まず，ベイズ理論の基本となる考えは，「同時確率」と「条件つき確率」である．例として参考文献 [1] にトランプが取り上げられているので紹介する．今，ジョーカーを除いた 1 組のトランプからカードを無造作に 1 枚抜くとする．その時以下の 2 つの操作を考える．

(1) 抜いたカードがハートで，なおかつ絵札である確率

(2) 抜いたカードがハートであった時に，それが絵札である確率

(1) と (2) の操作は何が違うのか，そのため答えとなる確率はどうなるのか

6.1 条件つき確率と予測

同時確率：AかつBの部分を全体で割る　　条件つき確率：AかつBの部分をAで割る

図 **6.2**　同時確率と条件つき確率の違い

を考えてみよう．これは，簡単な問題であり，(1) は $\frac{3}{52}$ で，(2) は $\frac{3}{13}$ が答えとなる．ここで (1) は 2 つの事象があった時，それが同時に発生しているので同時確率という．すなわち，A（ハート）かつ B（絵札）が起こる確率である．一方，(2) は A（ハート）が起こった時に，B（絵札）である確率であり，条件つき確率という．この 2 つの関係を図 6.2 に示す．ここで，同時確率は，一つ一つの確率を掛け合わせればよいということがわかる．先ほどの例で言えば，(1) の答えは，52 枚のカードの中でハートを抜く確率とハートのカードの中で絵札を抜く確率を掛け合わせる（同時に起こる）ということである．すなわち，$\frac{3}{52} = \frac{13}{52} \times \frac{3}{13}$ である．ここで $\frac{3}{13}$ は，ハートであった時に絵札である条件つき確率になるという関係がある．これを言い換えると，「A と B の同時確率は，A が起こった時に B が起こる条件つき確率と A の起こる確率の掛け算」になることがわかる．

頭の体操として，もう 1 つの例題を示す．今，あるテニスコートで，A 選手対 B 選手の試合が開催され，その会場には 100 人観客がいたとする．それぞれ

117

6章 不確かさを考慮した仮説の構築

の選手を応援するファンは 50 人ずつとし，それぞれのファンの中で，サングラスをかけている人は 20 人とする．その時，A 選手のファンでサングラスをかけている人の確率（同時確率）は，$\frac{20}{100}$ であるが，A 選手のファンだった時サングラスをかけている人の確率（条件つき確率）は，$\frac{20}{50}$ である．これらの関係を式に表すと，$\frac{20}{100} = \frac{50}{100} \times \frac{20}{50}$ となることがわかる．以降の節では，この同時確率と条件つき確率の関係を利用して，話を展開していく．

◆ コラム ◆
ベイズ理論の歴史的背景

　純粋な統計学は頻度に基づく学問として体系化され発展してきたため，得られた結果の信憑性を明らかにするためには，多くのデータが必要であった．しかし，人の意思決定のように新しい情報をもとにどのように考え，不確かな状況下でどのように判断するか，すなわちデータ量が少ない事象（すなわち頻度の少ない事象）へは適用が困難であることが知られていた．その適用の可能性として広がったのがベイズ統計学である．

　1700 年代に，イギリスの牧師で数学者である T. ベイズが定理を見い出す．しかし，自分の発見を売り込んだわけではなかったので，友人の R. プライスが数学的に修正を加えたものの顧みられることはなく，ベイズ統計学は華々しく始まったわけではなかった．その後，フランスの有名な数学者で天文学者の P. S. ラプラスが，独力でベイズの定理を体系化し，ベイズ統計学が始まった（後に，それがベイズが発見したことがわかったわけである）．

しかし，ラプラスの死後，理論家たちから異端扱いされ葬られそうになったが，いくつかの分野で細々と生き延びてきた．特にフランスでは，ドレフュス事件（ユダヤ系フランス人将校のドレフュスがドイツのスパイの嫌疑で終身刑を言い渡された事件）で，軍事裁判所は著名な数学者で物理学者の A. ポアンカレを招聘した．ポアンカレ自身は頻度に基づく統計を信じていたが，この時はベイズの法則を用いて新しい解釈を与えた．

　イギリスでは，数学者の F. ラムゼイが，それまで頻度に基づいた客観的解釈とは異なる確率論の主観的解釈を提唱した．さらに，イタリアの統計学者 B. D. フネッティが，保険計理士として勤めながら，在野の統計家として，この主観的確率の考え方を発展させていった．

　長い間，ベイズ統計学が利用されなかった理由は，事前・事後確率という概念を導入し，人の裁量が入る余地があるため，その計算結果の有用性，信憑性に対して，数学的には厳密性に欠けるという意見があったためである．そのため，統計学が主流派となり，ベイズ統計学は潜行する形となった．浮上するきっかけとなったのが，第二次世界大戦下で，A. チューリングがベイズの法則を発展させて，当時ドイツ海軍の最高の暗号エニグマを解読したことである．これによりベイズ統計学はイギリスを救ったということで英雄的扱いがなされたが，戦争に役立つことがわかり，各国政府はベイズ統計学を超機密扱いし，別の意味で再度潜行するようになった．

　その後，保険数理の世界で，A. L. ベイリーが保険料率に考え方を適用し，再び脚光を浴びることになる．いくつかの学問的論争を経てベイズの法則を立派な数学に仕立てたのは，J. グッド，R. J. サベッジ，D. V. リンドレーの 3 人の貢献が大きい．その後，医学，生物学，大統領選挙など様々な方面で利用されるようになり，さらにコンピュータの発展とともに，機械学習や人工知能へとベイズ統計学の考え方が広がっているのはよく知られている通りである．

　この歴史的な経緯については，S.B. マグレイン著の『異端の統計学ベイズ』（草思社）にまとめられているので，一読することを薦める．

6 章　不確かさを考慮した仮説の構築

■ 6.2　ベイズの定理（事前事後確率の使い方）とベイズ推定

　6.1 の同時確率と条件つき確率の関係の解釈をもう少し広げる．すなわち，2 つの事象 A と B の同時確率を考えると，2 通りの考え方があることがわかる．すなわち，「A が起こった時に B の起こる確率 × A の起こる確率」もしくは，「B が起こった時に A の起こる確率 × B の起こる確率」である．これらの値は同じであるから，単純に式の変形を行うと，以下の関係式を得る．

「B が起こった時に A の起こる確率」

$$= \frac{（\text{A が起こった時に B の起こる確率} \times \text{A の起こる確率}）}{\text{B の起こる確率}}$$

　次にこの意味合いを考える．A が起こった時に B の起こる確率と B が起こった時に A の起こる確率は，参考文献 [1] で述べられているように，「卵から鶏が生まれる確率」と「鶏から卵が産まれる確率」というほど違うことがわかる．これらをおのおのの主体が起こる確率で割ると結果としての値は同じになる．結果は同じでも，そこに至るまでのアプローチが異なるということを理解しなければいけない．ここで，ベイズの定理では，上式の B を「データ」，A を「仮定」と捉える．すなわち，

「データ B が起こった時に仮定 A の起こる確率」

$$= \frac{（\text{仮定 A が起こった時にデータ B の起こる確率} \times \text{仮定 A の起こる確率}）}{\text{データ B の起こる確率}}$$

という形に解釈できる．これは，仮定 A とデータ B の因果関係がどの程度かを調べるための式を表していると言える．すなわち，仮定 A のもとでデータ B が生じる確率はいくらかということである．別の言い方をすると，左辺は，データが得られた時に仮定が成立している確率なので，事後確率といい，右辺は仮定のもとでデータが生じている尤度[29]と仮定が生じる事前確率から計算される．これらの 2 つの関係を等式として結ぶことによって，事前確率から，事象が起こった後に，修正したものを事後確率として計算し，それを改めて事前確

---

[29]　（ゆうど）：尤もらしさ．ある確率密度関数を想定し，観測データから，その確率密度関数にフィットするように平均と分散を求めること．

120

率として次の事象を検討していくという使い方ができる.

次にこのベイズの定理の応用を参考文献 [1] で掲載されている例を応用して,使い方を説明する.「毎日のランチを選ぶ際に,食堂,お弁当,サンドイッチ等の選択肢がある中で,お弁当を選ぶ確率は0.5,サンドイッチを選ぶ確率を0.2とする.また,お弁当を選んだ翌日にサンドイッチを選ぶ確率は0.3である.今日サンドイッチを選んだ時,前日がお弁当の確率を求めよ」という問題を考える.ベイズの定理を適用すると,「前日がお弁当」を仮定,「今日がサンドイッチ」をデータと解釈する.そうすると,以下の関係が得られる.
「今日サンドイッチを選んだ時に,前日がお弁当であった確率」

$$= \frac{\left(\begin{array}{l}\text{前日がお弁当の時に,翌日サンドイッ}\\ \text{チを選んだ確率}\end{array} \times \text{前日にお弁当を選んだ確率}\right)}{(\text{翌日がサンドイッチの確率})}$$

したがって,$0.3 \times \frac{0.5}{0.2} = 0.75$ となる.

次にベイズ的意思決定の理論に属するモンティホールの問題を説明する.モンティホールの問題は,大学教授が率いる学生集団がカジノで儲けるという(題名は忘れたが)映画の中のストーリーの一部としても使われているほど,確率統計の世界では有名な問題である.

【モンティホールの問題】

ある番組で,クイズに当たると賞金をもらえるショーを実施した.それは,3つのドア A, B, C があり,そのうちどれか1つに賞金が隠されている.回答者は1つのドアを選択し,賞金のあるドアを当てれば,賞金がもらえるものである.最初に解答者はドア A を選んだとする.すると,正解を知っている出題者は,B と C のドアのうち,賞金のない方のドア(ここでは C とする)を開け,回答者に「ドア A のままにするか,ドア B に変更するか」の判断を求める.回答者は変更するのが得か損か,どちらを選択したらよいだろうかというのが問題である(図 6.3).

答えから言うと,このモンティホールの問題は,変更するほうが得なのであるが,その理屈を調べてみる.図 6.4 で示す通り,最初は各ドアに賞金が隠さ

6章　不確かさを考慮した仮説の構築

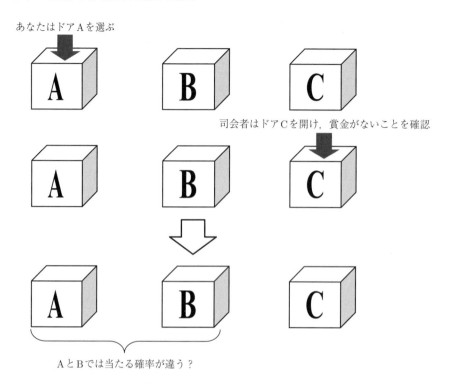

図 **6.3** モンティホールの問題

れている確率は $\frac{1}{3}$ である．ここで，最初に A を選んだ場合，司会者はドア B か C を開けることになる．この状況で，A から B または C に変更した際に，当たる確率は $\frac{2}{3}$ となることがわかる．すなわち，ドア B または C で当たる確率は $\frac{2}{3}$ である．一方，最初の A を変更せずにいた場合は，A が当たりである場合しか可能性はなく，その確率は $\frac{1}{3}$ であることがわかる．そこで，ドア C を開ければ，B は確率が $\frac{2}{3}$ のままになって，ドア A の 2 倍になることがわかる．それでは，これがなぜベイズ定理を応用していることになるのか．これは，データと仮定が何に対応するかを求めればよい．モンティホールの問題では，データは「ドア C を開け，賞金がないこと」である．仮定は，「ドア A に賞金がある」と「ドア B に賞金がある」という 2 つの場合が対応する．それぞれの仮定におい

6.2 ベイズの定理（事前事後確率の使い方）とベイズ推定

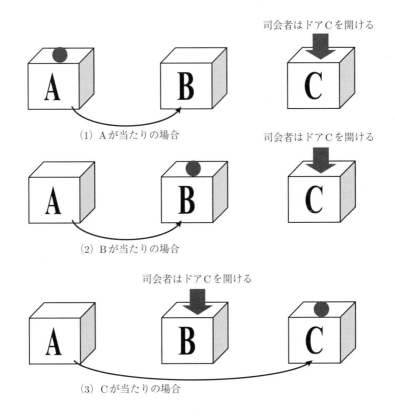

図 **6.4** 当たる確率（最初に A を選んだ場合）

て，確率を計算すると，「ドア B に賞金がある」すなわち，選択肢を変更した方が当たる確率が高くなることがわかる．

診断と判定に関する問題にも，このベイズの定理が適用できる．例えば，

① 難病 X にかかっている人の 98%は検査で陽性反応を示す．
② 難病 X にかかっていない人の 1%も検査で陽性反応を示す．
③ 難病 X にかかっている人は日本人 1 万人に 1 人の割合である．

ここで，「難病 X にかかっていて，なおかつ陽性である確率」は，「難病 X に

123

6章 不確かさを考慮した仮説の構築

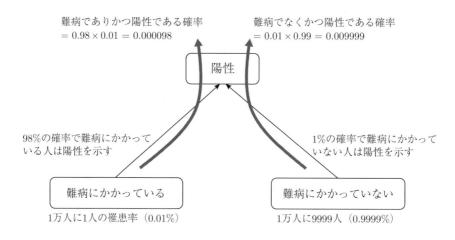

図 **6.5** 診断と判定に関する問題

かかっている時に陽性である確率」×「難病 X にかかっている確率」に等しい．そのため，$0.98 \times \frac{1}{10000} = 0.000098$ となる．同様に，「難病 X にかかっておらず，なおかつ陽性である確率」は，「難病 X にかかっていない時に陽性である確率」×「難病 X にかかっていない確率」に等しい．そのため，同様の計算により，0.009999 となる（図 6.5）．ここでは，「陽性反応を示す」ことがデータで，「難病 X にかかっている」ことが仮定になる．

6.3 ベイズ更新

本章の冒頭で，確率や統計的観点から物事を分析する際には，十分なデータ数が必要であると述べた．十分なデータ数が得られない状態で検討を進めざるをえない時に有効なのがベイズの理論である．このベイズの理論を応用する際に，「理由不十分の原則（またはラプラス基準 [30] と言う）」を，最初に理解する必要がある．参考文献 [1] で述べられている次の例を用いて解説する．

【例題】　赤玉と白玉が合わせて 3 個入っている箱 1，箱 2，箱 3 がある．箱 1 には赤玉が 1 個，箱 2 には赤玉が 2 個，箱 3 には赤玉が 3 個入っている．これら 3 つの箱の 1 つから玉を取り出したところ，赤玉であった．取り出された赤玉が箱 3 からの玉である確率を求めよ（図 6.6）．

【考え方】まず，ベイズの定理を適用し，データと仮定が何かを整理する．例題では，データは「取り出された玉が赤」で，仮定は「箱 1 から取り出された場合」，「箱 2 から取り出された場合」，「箱 3 から取り出された場合」の 3 つである．すなわち，赤玉が箱 3 から取り出された確率は，以下の式で計算できることになる．ここで，どの箱の選び方も同じと仮定しているが（箱の選び方は等確率），これは理由不十分の原則（ラプラス基準：初期の状態では，経験則が無く，選び方をどのように設定したらよいかわからないため，公平に選択するという考えを導入する）を導入しているからである．このようにベイズの理論は直観や常識を許容する考え方であることに注意しておく必要がある．

$$
\frac{\text{「箱 3 において赤玉が取り出される確率」} \times \text{「箱 3 が選ばれる確率」}}{\left(\text{「箱 1 の赤玉が取り出された確率」} + \text{「箱 2 の赤玉が取り出された確率」} + \text{「箱 3 の赤玉が取り出された確率」}\right)}
$$

---

[30] 「コラム　ベイズ理論の歴史的背景」でも述べたが，ベイズの定理はラプラスが体系化したと言われている．ラプラスはフランスの数学者，物理学者，天文学者である．ラプラス変換，ラプラシアンなど多くの考え方に名前を残している．

6章 不確かさを考慮した仮説の構築

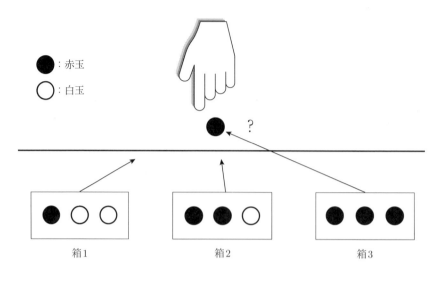

図 6.6 ベイズ更新

この考え方を応用し，過去のデータを新データの分析に活かすことを考える．すなわち，以前のデータから算出された事後確率を，次のデータ解析のための事前確率に利用するという方法である．これがまさにベイズ更新という考え方である．この方法を用いた代表的なものがベイズフィルターである．ベイズフィルターを利用した例として代表的なものに，迷惑メールの振分けがある．迷惑メールの振分けを設定すると，自動的に迷惑メールと通常のメールが振り分けられることからおそらくほとんどの人が利用したことがあると思われるが，この仕組みについて説明する．例えば，一般に「無料」「即・・・」「年収」「女子高生」「出会い」などの単語がメールに含まれている場合は，迷惑メールの可能性が高いと考えられる．一方，「統計学」や「経済」などを含んだメールは通常メールが多いと考えられる．

【例題】 迷惑メールか通常メールかを調べるために，3つの単語「無料」「不動産」「経済」に着目する．これらの単語は，次の確率で迷惑メールと通常メールに含まれることが調べられているとする．

「無料」：0.8（迷惑メール），0.1（通常メール）

「不動産」：0.7（迷惑メール），0.2（通常メール）

「経済」：0.2（迷惑メール），0.5（通常メール）

あるメールを調べたら，次の順でこれらの単語が検索された．

① 無料，② 不動産，③ 経済

このメールは迷惑メール，通常メールのどちらに分類した方がよいかを考える．ただし，迷惑メールと通常メールの割合は 7:3 とする．

【考え方】まず，1 個目のデータ「無料」について，ベイズの定理を応用する．すなわち，データが得られた時（メールが無料を含む）に仮定が成立している確率である．この場合仮定は，「迷惑メールである」場合と「通常メールである」2 通りの場合を考える．

● 「無料」が検出された時，そのメールが迷惑メールである確率

$$= \frac{\text{迷惑メールに「無料」が含まれる確率 × 迷惑メールである確率}}{\text{「無料」が検出される確率}}$$

● 「無料」が検出された時，そのメールが通常メールである確率

$$= \frac{\text{通常メールに「無料」が含まれる確率 × 通常メールである確率}}{\text{「無料が検出される確率}}$$

　上記 2 つのパターンを計算し，判定方法としては，迷惑メールの確率が高いか，通常メールの確率が高いかで判断する．ここで「迷惑メールである確率」や「通常のメールである確率」は，例題では 7:3 となっているので，それを用いる．次に「不動産」という語が検索されたということを扱う．「不動産」が検索された時，そのメールが迷惑メールである確率は，迷惑メールに「不動産」が含まれる確率 × 迷惑メールに「無料」が含まれる確率 ×0.7 と表される．同様に「経済」が検索された時は，さらに「経済が含まれる確率を掛け合わせる．

　それを実際に計算すると，「無料，不動産，経済」が検出された時，そのメー

6章　不確かさを考慮した仮説の構築

ルが迷惑メールである確率は，$0.2 \times 0.7 \times 0.8 \times 0.7 = 0.0784$

　「無料，不動産，経済」が検出された時，そのメールが通常メールである確率は，$0.5 \times 0.2 \times 0.1 \times 0.3 = 0.003$ となる．いずれか大きい方の判断となるというのが，その仕組みである．

◆ コラム ◆
送ったメールが届いていない！

　届いたメールのうち，どれが迷惑メールかを完全に仕分けするには，本人が読んで確認するのが一番確実である（しかし，日に何百件，何千件というメールがやってくると，目視するのは不可能である！）．これ以外の方法で，100％きちんと仕分けすることはできない.

　本文で説明したフィルタリングの方法は，迷惑メールの要素を含んでいそうなメールをあくまでも確率的にはじくものである．そのため，誰でも経験したことがあると思うが，ある人から送られたメールが届いていないので，どうなっているのかと問合せがあったり，メールを相手に送ったのに先方から返事がこないけれどどうしたかと確認の連絡をしたりする．いわゆる本来双方が共有したい情報が迷惑メールに振り分けられてしまうケースである.

　ベイズフィルターは，学習効果があるので，迷惑メールに入ってしまったメールを通常メールに戻せば，次からは迷惑メールになる確率は非常に低くなる．したがって，初めての人との通信の際にこの事象が生じやすいと言えるので，気をつけよう.

6章　不確かさを考慮した仮説の構築

■ 6.4　ベイジアンネットワーク

データには見方や表現の仕方により様々な分類の考え方がある．例えば，表形式で表されるリレーショナルデータは，おのおののデータ（レコード）は項目（フィールド，属性）を有しており，その対応関係を表に表したものである．また，一般に数値ではなく SNS やブログなどで出現する文章は，テキストデータとして扱うことが多い．さらに，データ間になんらかの関係性があるものは，データをノード，データ間を結ぶ矢印（方向性も考慮する）をエッジと呼ぶネットワークデータとして扱われる．ベイジアンネットワークは，ネットワークデータに分類される考え方である．すなわち，ベイジアンネットワークは，確率的に発生するデータ間の依存関係をネットワークデータ形式で記述したものである．参考文献 [2] に述べられているベイジアンネットワークの考え方を適用した例を図 6.7 に示す．

「料理」，「ワイン」，「肉を注文する人」の 3 つの事象とその依存関係を示す．ここで，ネットワークのつながりからわかるように「ワイン」と「肉を注文する人」は「料理」に影響を受けることがわかっているものとする．料理が「和食」か「洋食」の 2 つの事象が確率的に与えられていて，おのおのの条件により，「ワイン」を選択した状態が条件つき確率として決まる．「肉を注文する人」も同様に料理が「和食」か「洋食」かで決まるものとする．これを条件つき確率テーブルと呼ぶ．例えば，「ワイン」は，「料理」が「和食」の場合は 20% の確率で「yes」で，80% の確率で「no」である．

ここで，図 6.7 の下部の推論 1 にあるとおり，「料理」で「洋食」が観測された場合（確定されると「洋食」は確率が 1 になる），「ワイン」を選択する確率「yes」が 0.9 で，「no」が 0.1 となる．一方，影響を受ける方のノードの属性値を観測した場合（推論 2），すなわち，「ワイン」が「yes」と観測した場合，「料理」が「洋食」である確率は 0.70 と考えることができる．以上のベイジアンネットワークの作成や計算は，フリーソフトである Weka を利用すれば簡単に求めることができる．いくつかのアルゴリズムが手段としてあるので，算出した値には若干の差があるかもしれないが，これが条件つき確率の考えをベイジアンネットワークに適用した例である．この考えを用いると，実績として得

130

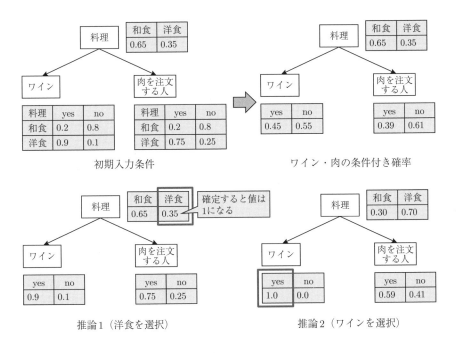

図 6.7 ベイジアンネットワークの適用例

られたデータから，要因（仮説）はどのくらいの確率で確からしいと言えるかを容易に計算できる利点がある．

第 6 章 参考文献

[1] 涌井貞美著．『図解・ベイズ統計「超」入門』．SB クリエイティブ．（2013 年）
[2] 中田豊久著．『基礎から学ぶデータマイニング』．コロナ社．（2013 年）

7章 データマイニングの今後の展望

　これまでデータをどのように活用していくのか，また利用の際の留意点など，実際の検討場面を想定して，誤った方向に進まないように，実践的な技術について述べてきた．もう少し全体像を見ながらまとめるために，図7.1に一連のデータマイニングの流れを示す．まず様々なデータベースやサイトから構造化データだけでなく，非構造化データも併せて収集する．それらから目的となるデータを取捨選択する．次に，前処理によりデータを整備し，分析しやすいように成形を実施する．その後，データ間の関係を様々な角度から描画（グラフ化），分析し，何らかのパターンや規則を発見する．最後に，その意味等を解釈し，新たな知見を得るこの一連の工程における留意点に関する解説を行って

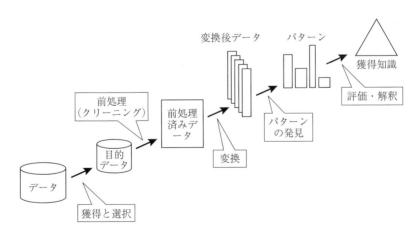

図 7.1　データマイニングの流れ

7章　データマイニングの今後の展望

きた.

　本章では，こういったデータマイニングが成功するために必要な根源的な要因について説明する．一般に，データは多ければ多いほど，状況が正確に把握できる傾向があることから，ビッグデータの取り扱いが重要になってきているのが今日である．例えば，ネットショッピングでは，ユーザのアクセス情報を時系列に並べ，購入しそうな商品をレコメンドしたり，至るところにセンサーが設置されることにより，気象，地殻変動，人の流れ等の時々刻々と変化する膨大な情報を収集・分析し，公共的な観点からも役立っている．だからといって，必ずしもデータ量は多ければよいというものではなく，的確な情報を収集できているという下で，多くの情報を得るのが有効だという意味である．全数調査の試みとしては，国勢調査があるが，これも年月により人口や生活形態が変化していくので，経年的にデータを収集していく必要がある．企業はそういうところにコストをかけられない．毎年こういったデータ収集を行わずに，そのうちに実施しなくなってしまったとなれば残念なことである．まさに，データマイニングで必要な1点目は，「継続的なデータ収集の取組み」であると言える.

　次に，的確な情報を収集するということに対応するが，一般にある事象が発生するということは，様々な要因が絡んでいることが推測できる．ただし，要因によって，大きく影響を与えるものと，ほとんど影響を与えないものがある．そのため，事象から得られたデータを横断的に見ることによって，共通的な要因（共通因子）を抽出する必要がある.

　このために有効な技術として，「因子分析」がある．因子分析のモデルは，図7.2に示すように，例えば，ネットショップＡ社に関する「品揃え」「購入しやすさ」「価格」「配達期間」の4つの観点からの10人のアンケート結果をまとめた表で考える.

　ここで，データ（変数）を構成する共通の因子は何かを見極めるため，何が因子となりうるかを検討し，その負荷量を変数に合うように決めていく．その際に，誤差が生じるが，これは各変数に独自（固有）の因子であると解釈するものである．実際に図7.2に示すネットショップの表から求められた結果をもとに，Excel統計を利用して因子分析を行った結果により，その意味を説明する（図7.3）.

ネットショップ A社について	品揃えのよさ	購入しやすさ	価格の安さ	配達期間の短さ
①	7	3	5	4
②	3	8	6	7
③	5	6	4	6
...				
⑩	5	8	4	5

$X_{①品} = a_{11}f_1 + a_{12}f_2 + \cdots + e_1$
$X_{①購} = a_{21}f_1 + a_{22}f_2 + \cdots + e_2$
$X_{①価} = a_{31}f_1 + a_{32}f_2 + \cdots + e_3$
$X_{①配} = a_{41}f_1 + a_{42}f_2 + \cdots + e_4$
$\vdots$
$X_{⑩品} = a_{371}f_1 + a_{372}f_2 + \cdots + e_{37}$
$X_{⑩購} = a_{381}f_1 + a_{382}f_2 + \cdots + e_{38}$
$X_{⑩価} = a_{391}f_1 + a_{392}f_2 + \cdots + e_{39}$
$X_{⑩配} = a_{401}f_1 + a_{402}f_2 + \cdots + e_{40}$

データ（変数）　負荷量　因子　誤差

図 7.2　因子分析のモデル

図 7.3(a) に示すように，まず表を行列と見た時に各変数間の相関行列を計算し，それをもとに因子の固有値を算出する．また，固有値の大きい方から2個で累積寄与率が80%になることがわかった．そこで，与えられたデータはこの2個の因子で表現することとして，各因子に対する負荷量を計算すると，おのおの図 7.3(b) が得られる．ちなみに2つの因子間の関係は図 7.3(c) に示すように，因子1は，「配達期間」が要因となっていると考えられる．得点が正になるほど配達期間が短いと感じており，負になるほど，長いと感じている．一方，因子2は「購入しやすさ」と「価格の安さ」が対極にある軸となっている．解釈としては，多くの選択肢から購入する，あらかじめ購入する商品を決めている，という顧客に2つの方向性があると言える．

7章 データマイニングの今後の展望

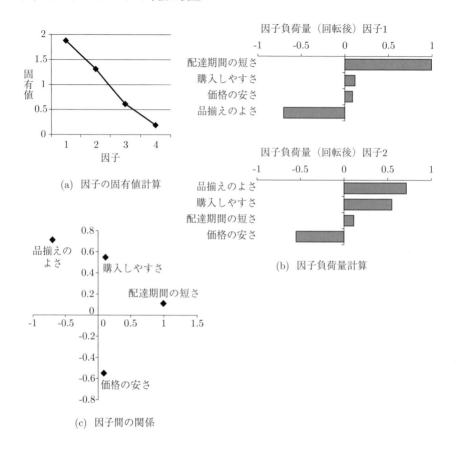

図 **7.3** 因子分析結果の意味

因子得点を計算すると，図 7.4(a) に示す結果が得られ，各変数を因子の有する得点により分類することが可能となる．図 7.4(b) に，この因子間の関係により得られたグラフに，顧客の因子得点を合わせてプロットしたものを示す．例えば，

- ⑥，⑦，⑩ は，価格に敏感な顧客
- ⑤，⑨ は，豊富な選択肢からじっくりと商品を選ぶ顧客
- ②，③ は，注文したらすぐに品物を手にしたいと考えている顧客

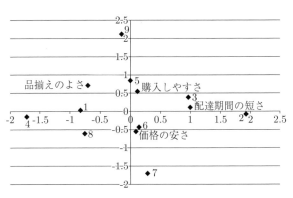

(a) 因子得点　　　　　(b) 顧客の位置づけ

図 7.4　因子得点と分類

④ は，商品の選択肢や価格の安さにはそれほど気にしておらず，配達期間が気になるので，配達が長いことが一度でもあると，離れて行ってしまう顧客と考えることができる．

以上のように，潜在的に影響を与えている要因を絞り，次の戦略に活かしていくことができる．データマイニングに必要な2点目は「要因を的確につかむ」ということである．

さらに，これは因子分析をしながらフィードバックをして，試行錯誤する必要があるが，様々な要因の中で何が効いているのかを判断できないと，将来どうなるかを的確に予測できない．この点に関しては，専門家ではなくいろいろな人たちが集まった予測市場を作ることにより，予測精度が高まるという事例が参考文献 [1] に詳しく述べられている．アメリカでは既に運用されているようであるが，将来的にこのような市場が拡大していくと思われる．

このポイントは，様々な人たちがいろいろな観点から検討し，予測する．その予測状況を見て，さらに判断していくという，意思決定のPDCA[31] が働いていることが特徴といえる．データマイニングで必要な3点目は，「自分だけで

---
[31] PDCA とは，Plan Do Check Act の略．計画（仮説）を立て，実行して，その結果が計画（仮説）に沿っているか評価して，改善する．

7章　データマイニングの今後の展望

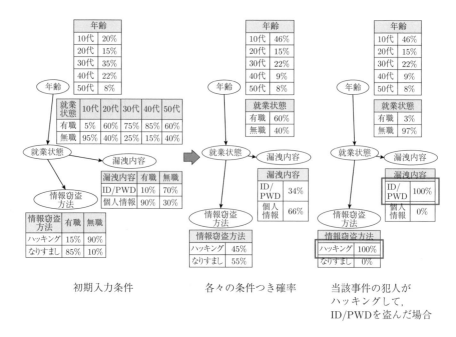

図 7.5　犯罪のベイジアンネットワークモデル

なく他人の力を効率的に利用すること」であると言える．

　また，予測する際には，様々な要因が絡んでいるが，参考文献 [2] では，2000年の大統領選挙予測を全て当てたネイト・シルバーが，金融，政治，野球，天気予報，地震，インフルエンザなどの多くの分野で検討された内容の紹介や，その成功点や失敗点などをまとめている．この分野に関しては，これを実施していればよいという王道の方法はないが，試行錯誤している現研究段階の参考になると思われる．

　最後にデータマイニング，特にベイズの考え方を応用した取組みとして，犯罪者のプロファイリングがある [3]．その中でも，ベイジアンネットワークを利用した例では，第一段階としてデータからモデルを構築し，第二段階として未知の情報を推論する形で用いられているので，簡単に紹介する．

　第一段階のモデル構築例を図 7.5 の左側に示す．情報窃盗に関する統計デー

タより，年代別や就業状態に応じた窃盗方法および窃盗内容を関係づける．

第二段階では図 7.5 の右側のように，ハッキングされかつ ID と PWD が盗まれた場合は，どういった可能性が高いかを確率分布により求めるものである．この例では，無職の確率が 90%，10 代の確率が約 50%と高くなったことを示している．

以上のように，ベイジアンネットワークは，犯人像推定研究に適用されつつある．今後もこれ以外に様々な分野に適用されていくと思われる．

第 7 章 参考文献

[1] ドナルド・トンプソン著（千葉敏生訳）．『普通の人たちを予言者に変える「予測市場」という新戦略』．ダイヤモンド社．（2013 年）

[2] ネイト・シルバー著（川添節子訳）．『シグナル＆ノイズ』．日経 BP 社．（2013 年）

[3] 財津亘著．『犯罪者プロファイリングにおけるベイズ確率論の展開』．多賀出版．（2011 年）

索　引

数字・欧文

2 分探索法	53
Frequency	94
IT スキル	2
Monetary	94
PBL	3
Problem Based Learning	11
Project Based Learning	11
p 値	87
Recency	94
RFM 分析	94
SQL (Structured Query Language)	10
TCSI 分離法	41
t 分布	86

ア

アーリーアダプター（初期採用者）	96
アーリーマジョリティ（初期多数採用者）	96
アソシエーション・ルール	104
アンケート調査	28
一般世帯	33
イノベーター（革新的採用者）	96
因果関係	56
因子分析	134
インタラクション	16
ウインソー化平均	48
円グラフ	79
折れ線グラフ	80

カ

階層的クラスター分析	108

課題探究型学習	11
片側検定	83
刈込平均	48
間隔尺度	51, 52
幾何平均	43
機器渡り鳥	98
疑似相関	55
帰無仮説	83
共通因子	134
クイックウィン	40
グーテンベルク・リヒターの法則	31
クラスター	107
グループワーク	11
傾向を表す成分	41
系統抽出法	29
決定木	101
検定	83
検定統計量	84
公開データ	25
降順	52
コーパス	40
コミュニケーションスキル	3
雇用率	27
コレスポンデンス分析	109
コンフィデンス（信頼度）	106

サ

最小二乗法	36
最小値	46
最大値	46
最頻値（モード）	77

索　引

削除平均	48	調和平均	44
サポート（支持度）	106	ディシジョンツリー	101
算術平均	43	データウェアハウス	10
散布図	54	データクレンジング	35
シーケンス	106	データマイニング	1
時系列データ	41	テキストデータ	130
指数近似	36	統計スキル	2
システム	16	同時確率	116
システムアプローチ	16		
システム思考	16	**ナ**	
自然科学的な考え方	16	長い周期の変動成分	41
失業率	27	ニッチ	93
社会人基礎力	11	ネットワークデータ	130
就職率	26		
樹系図（デンドログラム）	108	**ハ**	
順序尺度	51, 52	外れ値	48
生涯価値	98	ばらつき	46
条件つき確率	116	パレート図	115
昇順	52	ビジネス企画スキル	2
情報量	103	ビッグデータ	39
正の相関関係	54	標準世帯	33
セグメント	93	標準偏差	47
線形近似	36	標本調査	24
層化抽出法	29	比率尺度	51, 52
相加平均	43	不規則な変動成分	41
相関関係	56	負の相関関係	54
相関規則	104	分散	47
相関係数	54, 55	分散分析	115
ソート	52	平均情報量（エントロピー）	103
属性	91	平年値	21
		ベイジアンネットワーク	130
タ		ベイズ更新	126
対立仮説	83	ベイズフィルター	126
探索知識発見型	2	ベイズ理論	115
探索知識発見型データマイニング	5	べき乗則	31, 79
単純無作為抽出法	29	ベンチマーク	21
チャーンマネジメント	96	補外	36
中央値（メディアン）	77	補間	35
中心極限定理	85		

索 引

マ

マーケット・セグメンテーション	93
マーケットバスケット分析	105
短い周期の変動成分	41
無作為	29
無相関	55
名義尺度	51
目的解決型	2
目的解決型データマイニング	5
モニター調査	38
問題基盤型学習	11
問題設定	12
モンティホールの問題	121

ヤ

有意確率	86
有意水準	84
ユークリッド平方距離	108
要因分析	12
予測市場	137

ラ

ラガード（採用遅滞者）	96
ラプラス基準	125
リフト（売れ筋商品の扱い）	106
理由不十分の原則	125
両側検定	83
リレーショナルデータ	130
ルーブリック評価	62
レイトマジョリティ（後期多数採用者）	96
例年	21
レコメンデーション	94

ワ

ワールドカフェ	11

143

著者紹介

岩下 基（いわした もとい）
1983 年　早稲田大学 理工学部数学科卒
1985 年　早稲田大学 大学院理工学研究科数学専攻 博士前期課程修了
1985 年　日本電信電話株式会社入社
1999 年　東日本電信電話株式会社
2003 年　日本電信電話株式会社
1985 年〜2003 年　通信ネットワーク構成・評価法の研究，情報システムの開発マネジメント等に従事
2010 年　千葉工業大学教授（現在に至る）
2010 年〜　ICTを利用したサービス普及に関するデータマイニング，情報システム管理手法の研究に従事
主要著書：『システム方法論』，コロナ社．（2014）
　　　　　『情報通信工学』，共立出版．（2012）
　　　　　『マルチメディア産業応用技術体系』，フジテクノシステム．（1997）（共著）

データ仮説構築
データマイニングを通して
ⓒ2017 Motoi Iwashita
Printed in Japan

2017 年 9 月 30 日　初版第 1 刷発行

著　者　　岩　下　　　基
発行者　　小　山　　　透
発行所　　株式会社 近代科学社

〒 162-0843　東京都新宿区市谷田町 2-7-15
電話 03-3260-6161　振替 00160-5-7625
http://www.kindaikagaku.co.jp

藤原印刷　　　　　ISBN978-4-7649-0549-8
定価はカバーに表示してあります.